大学问

始于问而终于明

守望学术的视界

中国的妇女与财产
960—1949

Women and Property in China

[美]白凯 著
刘昶 译

广西师范大学出版社
·桂林·

中国的妇女与财产（960—1949）
ZHONGGUO DE FUNÜ YU CAICHAN（960—1949）

图书在版编目（CIP）数据

中国的妇女与财产：960—1949 /（美）白凯著；刘昶译. -- 桂林：广西师范大学出版社，2024.7
（实践社会科学系列 / 黄宗智主编）
ISBN 978-7-5598-7034-6

Ⅰ.①中… Ⅱ.①白… ②刘… Ⅲ.①继承法－法制史－研究－中国－960-1949 Ⅳ.①D923.52

中国国家版本馆 CIP 数据核字（2024）第 108301 号

广西师范大学出版社出版发行
（广西桂林市五里店路9号　邮政编码：541004）
（网址：http://www.bbtpress.com）
出版人：黄轩庄
全国新华书店经销
广西广大印务有限责任公司印刷
（桂林市临桂区秧塘工业园西城大道北侧广西师范大学出版社集团有限公司创意产业园内　邮政编码：541199）
开本：880 mm×1 240 mm　1/32
印张：8.625　　字数：180 千
2024 年 7 月第 1 版　　2024 年 7 月第 1 次印刷
定价：78.00 元

如发现印装质量问题，影响阅读，请与出版社发行部门联系调换。

"实践社会科学系列"总序

中国和美国的社会科学近年来多偏重脱离现实的抽象理论建构,而本系列丛书所强调的则是实践中的经济、法律、社会与历史,以及由此呈现的理论逻辑。本丛书所收入的理论作品不是由理论出发去裁剪实践,而是从实践出发去建构理论;所收入的经验研究则是那些具有重要理论含义的著作。

我们拟在如下三个子系列中收入精选后的重要作品,并同时推出中文版和英文版;如果相关作品已有英文版或中文版,则将其翻译出版。三个子系列分别是"实践法史与法理""实践经济史与经济学""中国乡村:实践历史、现实与理论"。

现今的社会科学研究通常由某一特定的理论立场出发,提出一项由该理论视角生发出的研究问题,目标则是证明(有时候是否证)所设定的"假说"。这种研究方法可以是被明确说明的,也可以是未经明言的,但总是带有一系列不言而喻的预设,甚或是无意识的预设。

因为当下的社会科学理论基本上发端于西方,所以这种认识论的进路经常伴随着西方的经验(诸如资本主义、自由市场、形式主义法律等),以及其理论抽象乃是普适真理的信仰。而在适用于发展中的非西方世界时,社会科学的研究基本上变成一种探索研究对象国家或地区的不足的工作,经常隐含或者公开倡导在西方"模式"道路上的发展。在经济学和法学领域内,它表现得最为明显,这是因为它们是当前最形式主义化和意识形态化的学科。而中国乡村的历史与现实是最明显的与主流西方理论不相符的经验实际。

我们的"实践社会科学系列"倡导把上述的认知过程颠倒过来,不是从源自西方的理论及由此得出的理论假说出发,而是从研究对象国家的实践历史与现实出发,而后进入理论建构。近代以来,面对西方在经济、军事及文化学理上的扩张,非西方国家无可避免地被卷入充满冲突性斗争的历史情境中——传统与西方"现代性"、本土与引进、东方与西方的矛盾。若从西方理论的视野去观察,在发展中国家的历史社会实践中所产生的现象几乎是悖论式的。

我们从实践出发,是因为不同于理论,实践是生成于研究对象国家自身的历史、社会、经济与政治的情境、视域和话语内的。而且由实践（而非理论）出发所发现的问题，更有可能是所研究国家自身的内生要求，而不是源自西方理论/认知所关切的问题。

实践所展示的首先是悖论现象的共存——那些看起来自相矛盾且相互排斥的二元现实，却既真实又真切地共存着。例如，没有（社会）发展的（全球化的）商业化、没有民主的资本主义，或者没有相应司法实践的西化形式主义法律。其挑战着那些在它们之间预设因果关系的主流西方理论的有效性，因此呼吁新理论的构建。此外，理论往往由源自西方的形式演绎逻辑所主导，坚持逻辑上的前后一贯，而实践则不同于理论，惯常地容纳着看起来自相矛盾的现象。从实践出发的认知要求的是，根据实践自身逻辑的概念化来建构理论——比如中国的"摸着石头过河"。

从实践出发的视野要求将历史过程作为出发点，要求由此出发的理论建构。但是，这样的实践和理论关怀并不意味着简单地拒斥或盲目地无视西方的社会科学理论，而是要与现有理论进行自觉的对话，同时自觉地借鉴和推进西方内部多样的非主流理论传统。此类研究还可以表现在实际层面上，在西方主流的形式主义理论以外，有必要结合西方主流以外的理论传统去理解西方自身的经验——例如，结合法律实用主义（以及马克思主义和后现代主义）和主流的"古典正统"法学传统,去理解美国法律实践的过去和现在,或者结合马克思主义、实体主义和主流的亚当·斯密古典自由主义经济学传统,去理解西方的实践经济史。更重要的还在于,要去揭示这些存在于实践中的结合的运转理论逻辑,在这些看起来相互排斥的二元对立之间,去寻找超越"非此即彼"之逻辑的道路。

我们的丛书拟收入在实践法史与法理、实践经济史与经济学,以及中国乡村的实践历史、现实与理论研究领域内的此类著作,也包括讨论中国创新的著作,这些创新已经发生在实践内,却尚未得到充分的理论关注和表述。我们的目标是形成一系列具有比主流形式主义研究更适合中国历史、现实的问题意识和理论观念的著作。

黄宗智

致　谢

著书立说通常是一种离群索居的追求,但我在撰写本书时有幸在一个非常支持和鼓励我的环境中工作。我的同事和丈夫黄宗智(Philip Huang)在我撰写本书时自始至终是我学术上的良师益友,我从他对中国民法的研究中获益极多,我们在一起讨论各自相关的课题时所度过的那些时刻对我来说弥足珍贵。我们共同的兴趣使本书的写作显得特别愉快和有收获。

我同样有幸与加利福尼亚大学洛杉矶校区的一群研究生一起工作,他们有的已经毕业,有的正在攻读学位,他们的研究兴趣也集中在中国法制史和中国妇女史。他们是唐泽靖彦、郭贞娣(Margaret Kuo)、陆钟琦、胡宗绮(Jennifer Neighbors)、白德瑞(Bradly Reed)、苏成捷(Matthew Sommer)、魏达维(David Wakefield)、杨秀珠和周广远。我从他们那里受益良多。黄宗智和我的研究项目"地方档案和法庭记录:清代与民国的法律与社会变迁"得到鲁斯基金会的资助,我们用该基金召开了多次学术讨论会,我从与会的国内外中国法制史学者那里也学到了很多。

在撰写本书的不同阶段,许多人阅读了书稿的部分或全部,并对书稿提出了批评和鼓励。特别是黄宗智,他阅读和评论了书稿每一章的每一稿,通过和他的讨论,我得以理清并确立自己的思路。斯坦福大学出版社的两位匿名审稿人对本书稿做了特别仔细的审阅,并对书稿的修改提出了巨细靡遗的建议。我对周锡瑞(Joseph Esherick)、韩明士(Robert Hymes)、康无为(Hal Kahn)、郭贞娣、夫马进、苏成捷、滋贺秀三和宋格文(Hugh Scogin)等给本书的建设性批评也深表感谢。

如果没有法庭案件的记录,这本书的写作是不可能的。我特别感激南京的中国第二历史档案馆、四川省档案馆、北京市档案馆的档案工作者为我提供的方便。鲁斯基金会和美中学术交流委员会资助了我去中国的学术旅行和资料复印。本书的写作则得到美国人文学科基金和加利福尼亚大学校长研究基金的资助。

我要感谢斯坦福大学出版社的 Muriel Bell 和 Stacey Lynn 在本书英文版出版过程中为书稿所做的极具专业水准的编辑工作,并再次感谢 Barbara Mnookin 为本书所做的极为出色的编辑工作。拙著中文版面世已经超过十五年了,这次再版,我校读了全文,并订正了上一版中的一些印刷错误。我非常感谢刘隆进和广西师范大学出版社再版拙著,使它能被更多的中国学者看到。我也衷心感谢刘昶对本书的精准翻译和为这次再版所做的工作。

白凯

目　录

导　言　1
第一章　宋代至清代女儿的继承权　10
第二章　宋代至清代寡妇的继承权　53
第三章　寡妇与民国初期的宗祧继承　81
第四章　民国民法中的财产继承　111
第五章　民国民法中寡妇的继承权　130
第六章　民国民法中女儿的继承权　149
第七章　帝制和民国时期妾的财产权利　180
结　论　218

引用书刊书目　222
索　引　241
译后记　261

导　言

关于中国的财产继承,过去的研究大多以男子为研究对象。许多世纪以来,男子的财产继承权利甚少变化,因此这种研究给我们描绘的是一幅静态的图画。然而一旦我们把研究的焦点转向妇女,一幅关于财产权利的大相异趣、动态变化的图画就展现在我们眼前。从宋至清,中国妇女的财产权利经历了许多重要的变化,在20世纪民国的民法改革后变化尤为深刻。只有研究中国妇女财产权利的变化,我们对中国财产权利作为一个整体的重大变化才会有更完善的理解。因此,本书不仅是对中国妇女财产权利的专门研究,也是对中国财产权利的一般研究。

这一研究如果不同时包括帝制时代和民国时期就是不完整的,帝制中国和民国的继承法依据的财产概念大相径庭。如果把两者分割开来研究,我们就不能充分把握这些概念的完整意义。但是如果我们把它们放在一起讨论,两者就会相互映照。只有把此一时期与彼一时期比较对照,此一时期财产逻辑的特征才会变得鲜明显豁。

论 题

众所周知,帝制时代中国的财产继承是受分家的原则和惯行支配的,即由众子均分父亲的财产。一般认为,妇女没有继承财产的权利。在家庭财力允许的情况下,一个未婚的女儿至多只能得到一份嫁奁,而寡居的母亲只能得到一份老年赡养费,但她们都无权继承一份家产。

同样众所周知的是,分家和承祧(宗祧继承)的原则和惯行是相辅相成的:一个男子必须在宗祧祭祀和财产两个方面被其子继承。如果他没有亲生子嗣,那么他必须过继一个嗣子来延续父系家庭,以继续对祖先的祭祀。人们一般认为,承祧与分家互为表里,它们是同一事物,即只有儿子有继承权的两个侧面。

毋庸奇怪,对分家和承祧的这种理解为帝制后期中国的财产继承描绘了一幅静态的图画。只要我们的注意力聚焦在父与子之间,我们从宋代至清代的历史中就很难找到继承制度显著变化的证据,因为事实上男性的财产权利几乎没有什么变化。

但是如本书将要阐明的,关于财产继承的静态画面不仅遗漏了很多内容,而且曲解了重要的情节。之所以如此,是因为它根本没有从妇女的角度来考虑她们作为女儿、妻子和妾所与财产发生的不同关系。从妇女的角度来观察,分家和承祧就是两个不同的过程,它们对财产继承有着互异的影响。当一个男子有亲生子嗣时,财产继承就受分家的原则和惯行支配;反之,若他没有亲生子嗣,起支配作用的就是承祧的原则和惯行。不仅如此,在明清时期,承祧的原则还发生了重大的变化。

在帝制中国,分家和承祧两者之间,前者是财产继承中更为常见的形式,但这并不意味着后者无关紧要。当时中国大约有五分之一的家庭没有长大成人的儿子。① 因此,大约有五分之一的家庭,其财产继承不是通过分家,而是通过承祧来实现的。

对一个女子来说,由于其一生中在娘家和夫家的地位,承祧对她更为重要。作为女儿,一个女子有6%至12%的可能性生在一个没有活到成年之亲生子嗣的家庭。② 而作为妻子,她的夫家没有子嗣的可能性大约在20%。这样,可能有三分之一的妇女是没有兄弟的女儿,或没有子嗣的妻子,甚至两者兼而有之,她们在一生中的某个时刻就很可能会因此涉入宗祧继承。

同样重要的是,在帝制时代关于继承的诉讼绝大部分是因承

---

① 只有成年儿子可以成为其父亲的宗祧继承人。如特德·特尔福德(Ted Telford)在其研究中发现的,在安徽桐城,从1520年至1661年,17%的成婚男子没有活到成年的儿子(1995:62,79)。刘翠溶(Liu Ts'ui-jung)的研究揭示了相同的结果,从14世纪到19世纪,在华中和华南的五个宗族中,这个百分比在17%至24%之间(1995:105,107)。这两项研究所包括的23 029个成婚男子中,有19%(4348人)没有亲生子嗣。(本书正文及脚注中的文献来源均以括注的形式标明作者[若无作者,则标明文献名称]与出版年份、所在卷数及页码,具体名称及出版信息请参阅本书《引用书刊书目》。)
② 现有的关于生育率和死亡率的资料显示,在明清时期,已婚男子平均有3到4个孩子活到成年(李中清[J. Lee]等,1995:173—180;刘翠溶[Liu Ts'ui-jung],1995:99—100;特尔福德[Telford],1995:67)。仅根据基因机会本身(为简便起见,假定性别比例是100,而非105),我们就可以大致估算出有12.5%的3个孩子家庭和6.25%的4个孩子家庭只有女儿。

祧而不是分家而起的。这种歧异的原因将在后面讨论。这里只需指出的是,本书所研究的从宋到清的430个继承案例中,无子家庭因过继嗣子而起的诉讼与有子家庭因分家而起的诉讼之比是4∶1。这种比例悬殊的继承诉讼状况也相应地反映到《大清律例》中来:关于分家的条款只有简短的四条律例,总共二百来字,而关于承祧的法律共有十一条,一千一百多个字。因此,与分家相比,父系家族的宗祧继承是一个更为突出的法律问题。

根据以上理由,帝制后期中国继承制度研究的切入点应该是这样一种情况。在这种情况下,因为妇女是无兄弟的女儿或无子嗣的孀妇,所以她们的继承权本身成为我们关注的焦点。正是这些妇女、女儿或妻子,在家庭中男子缺席时,把宗祧继承的各种复杂情境最为尖锐地凸显出来。

从妇女的角度来观察,财产权利在帝制中国就远非如以往的观点所认为的那样静止不变。第一个主要变化发生在明初,明律规定,无嗣家庭必须从侄子中过继一个嗣子,或者用本书的术语来说,明律采行了"强制侄子继嗣"。这一变化使妇女付出了可观的代价。在其后的年代里,无论女儿还是寡妇,她们的财产权利都受到严重的剥夺。

对于女儿来说,强制侄子继嗣的实施意味着即使没有兄弟,她实际上也丧失了对财产的任何权利。简言之,在宋代若父母双亡而没有儿子——无论亲生还是过继,那么其女儿就有权依法继承其家庭的财产。但在强制侄子继嗣的法律面前,侄子对财产的权利优先于女儿的权利,女儿继承家产的可能性由此而变得微乎其微。

对于寡妻来说,她们的继承权利在新法律面前即使没有丧失殆尽,也受到严重的剥夺。以前若无子嗣的话,她可以继承其亡夫的全部财产,现在她对这财产只有监护权,即为其亡夫的嗣子监护家产,而这个嗣子是她现在依法必须过继的。不仅如此,在强制侄子继嗣法颁行的早年,寡妇还无权选择,只能过继与其亡夫血缘最近的侄子。

然而,随着岁月的推移,主要是受贞节孀妇之理念的推动,选择最亲侄子为嗣的这种强制要求被淘汰了。众所周知,明清时期对妇女贞节的崇拜不断上升和强化。多少令人意外的是,对寡妇应为其亡夫守节的强调转而强化了妇女的权利,特别是就财产继承而言。在法律实践中,明清的法官通常判定守贞寡妇可以拒绝与她们丈夫关系最近的侄子来继嗣。到了清代中叶,国家正式立法赋予守贞寡妇自由选择其亡夫的任一同宗侄子继嗣的权利。在强制侄子继嗣的法律框架内,寡妻财产监护权的扩张是帝制后期妇女财产和继承权利的第二个主要变化。

寡妇贞节理念的强化也导致了寡妾财产监护权的扩张。对妾来说,寡妇贞节理念显然是一个平权因素,它抹掉了妻妾之间的地位差别,使她能像妻子一样享有对丈夫财产的权利。到了清代,重要的不再是妻或妾的地位,而是寡妇的贞节。一个守贞寡妾可以享有与任何守贞寡妻相同的权利,包括对亡夫财产的监护权和自由选择嗣子的权利。

当我们把注意力从帝制法律转到民国法律,我们就会发现宗祧继承是新旧嬗递的关键。在民国初年,虽然清律中的强制侄子继嗣法在纸面上仍然有效,但是大理院对它的解释实际上赋予了寡妇选择嗣子的充分自主权,甚至让其亡夫族侄以外的人也可以入选。这样,民国法律有效地推翻了侄子继嗣的原则。这是在旧制度概念框架内的一次重大变革。

最终倾覆了帝制法律及其概念框架的是1929年至1930年颁行的《中华民国民法》。根据西方个人产权的概念,民国民法采行了新的单一的财产继承法,完全取消了承祧在财产继承中的影响。它不再要求为无子的男性死者指定男性嗣子,也不再承认父系宗亲对死者的财产有任何权利。同时,民国民法强调男女平等,在原则上赋予妇女与男性同等的财产继承权。

理解这些法律变革的全部意义的最佳途径是观察其司法实践,而这只有通过研究法庭案件才能做到。毕竟,新的民法对一个长期以来习惯于在分家和承祧原则里运作的社会来说是一种外来的因素,它与长期确立的社会惯行间的冲突必然会发生在法庭上。这种冲突的结果是一幅复杂的画面,它既不单单是新法所预示的那种激进的变化,也不单单是旧社会惯行的顽固延续。相反,新旧冲突表现在某些特别的紧张关系中,并在不同程度上对妇女的财产权利产生各种影响。与新法立法者的善良愿望相对照,妇女虽然获得了某些新的权利,但也丧失了旧有的权利。

研究资料

要理解长时段里财产权利的变迁,我们必须越过法律条文本身去观察法律的实践,而这只有通过研究法庭案件才能做到。在帝制时代,前后相继的各朝律例本身实际上很少有明显变化的证据,我们至多只能从中看到措辞上的微妙改变,或一些立意并不显豁的例之增添。在民国时期,单单注意民法条文本身则很容易夸大变化,而忽视那些源自西方的法律原则的实际效果。

关于帝制时代,本书主要依据的是三种资料。第一种是 68 件清代的关于财产继承案件的原始档案。这些档案包括了诉讼过程中产生的所有相关文件,如原告的状子、被告的辩辞、县官的指示、衙门的判决。这些法庭档案来自五个不同的司法辖区,它们是 1710 年代至 1890 年代的山东曲阜县、1760 年代至 1850 年代的四川巴县、1830 年代至 1900 年代的顺天府宝坻县、1840 年代至 1890 年代的台湾淡水分府新竹县,以及 1870 年代的江苏太湖厅。

除此之外,我还运用了已出版的法庭判词集。有些判词集纂集了许多官员的判词,其中最著名的是宋代的《名公书判清明集》。还有些则是单一官员的判词,这往往是该官员离任后手编的,收集的大多是批词和堂断,而很少包括与案情相关的文件。没有诉讼当事人的状辞所提供的基本背景,我们就很难看到某一特定案例的全部画面。但是对我来说,另一方面的长处弥补了这个短处,这就是那些作者在出版这些判词时都希望表现他们的法律知识和道德智慧,所以常常写下比通常情况更冗长、详细的判词。他们还常常为他们的判决做出长篇解释,并对相关律例加以评论,这也是档案文件中通常看不到的。

最后,我还运用了地方官员日记和自传中述录的诉讼案件。这些述录如说书评话般,通常从案情的性质和缘由讲起,续之以官员对诉讼当事人的调查审问,最后以他对案件的判决作结。在整个叙述过程中,作者不断插入自己对案情的看法和案情适用的律例。如同那些结集出版的判词一样,这些叙述必然也是自我炫耀的一面之词,但它们可以让我们看到当时的官员们是如何阅读和理解法律的。

关于民国时期,本书主要依靠370件继承案件的原始法庭档案。这些案件中,有96件是1910年代至1920年代在中国的最高司法机构大理院审理的,有134件是在同一时期上诉到设在首都北京的京师高等审判厅的,余下的140件是1910年代至1940年代京师地方审判厅和其后继北平地方法院审理的案件。大约有半数的案件因诉讼当事人不服地方法庭的判决而上诉到上级法院,其中有些争执激烈的案件包括了各级法院的判决,其记录长达二百多页。

宋代的底线

最后,关于宋代我还要交代几句,因为本书的叙述始于宋。以往的学术界,特别是日本的学术界,由于各种偶然的原因,认为宋代是中国帝制时代的一个例外:在这一朝代,有所谓"女儿给半"的法律——女儿享有独立的财产继承权,所以在分家时女儿可以得到儿子应得家产份额之一半。虽然学者们大多认为这一"法律"是一事实,但我觉得没有人对为何宋代出现了帝制时代的这种例外给出令人满意的解释。

本书将从重新检讨有关宋代妇女财产继承权的现有证据和论

战出发来展开,这样我们就能建立一条坚实的底线来评估后来的变化。读者们可以想象,这一讨论的分量必然会很大,这主要是由于过去有关的论战本身就连篇累牍,而且我们需要详细检查所有可能找到的证据。这一章的结论是,在宋代根本就没有,也不可能有女儿给半的法律。相反,通行的原则是承祧的原则,妇女只有在没有兄弟和儿子时才享有财产继承权。宋与明清不同的是,宋代还没有强制侄子继嗣的规定,以及由此而来的对妇女继承权利的种种限制。

第一章
宋代至清代女儿的继承权

南宋时期中国的女儿对家庭财产的继承权似乎比 20 世纪以前中国其他任何时代的女儿都更大,这一现象长期以来令研究中国法律和社会史的学者感到困惑。关于这一现象的主要证据是汇集了 473 件南宋判词的《名公书判清明集》(此后简写作《清明集》),其中几个案例似乎表明女儿有法定的权利,可以在分家时得到相当于儿子所得份额一半的家产;而如果她娘家绝嗣,她的权利就更大。

这一现象成为当代日本的中国法制史学者仁井田陞和滋贺秀三之间一场热烈辩论的课题(仁井田,1942,1962;滋贺,1953—1955,1967)。争论的重点不仅仅是女儿的权利,还有这种权利所揭示的帝制时代家庭财产的性质以及财产继承与宗祧继承两者之间的关系。

追随其导师中田薰(1971[1943])的传统,仁井田争辩说家庭财产是由家庭所有成员,即男性和女性共同拥有的(家族共产制)。是这一共同所有制,而不是宗祧继承原则,规定了财产在世代间的转移。仁井田认为女儿和儿子一样是家庭财产的共有者,对家庭财产享有和儿子相同的权利,只是程度上有所区别而已。

仁井田把所谓南宋女儿继承权的扩张看成支持他中心论点的一种历史发展。对他来说,南宋法律只是中国历史上女儿作为家庭财产共有者的地位的最充分表现罢了。它是宋代国家在1127年金朝征服北方后转移到华南,其法律吸收了华南地方习俗的一个结果。在这个问题上,他对地方习俗的重视是同他毕生的研究主题一致的,即法律起源于社会实践。

与仁井田的观点相对立,滋贺争论说家庭财产的所有者不是整个家庭,而是"父子一体"。相应的,财产继承只能通过宗祧继承来理解,因为只有儿子能延续祖先祭祀,也只有他们能继承财产。女儿既不是家庭财产的共同所有者,也不是宗祧的继承者,所以她不能成为财产继承人。作为依附于家庭的"受益者",她唯一的权利是在成长时受抚养和在出嫁时得到嫁妆。

滋贺认为南宋的现象只是一个例外,并不能驳倒他的中心论点。他争论说无论这些假定的法律起源为何,它们都不像仁井田所认为的那样起源于社会实践。无论如何,这些法律完全是南宋的独特现象,从中国历史整体的角度来看是一种反常。滋贺的论点同样与他的整个研究主题相应。他最感兴趣的是发现中国历史上支配法律和社会实践的恒定的基本原则,而不是研究特定时期的个别法律及其在不同时期的变化。

由于1987年《清明集》增补版的发行,近年来学者们对该书中的案件及仁井田—滋贺辩论再次产生兴趣。在这轮新的辩论中,有些学者支持仁井田的观点(柳田,1989,1990;柏清韵[Birge],1992),另一些学者则持与滋贺相同的怀疑论(永田,1991;板桥,1993;高橋,1995)。

伊佩霞(Patricia Ebrey)则对南宋的案例提出了一种全然不同的解释。她争论说,由于士族社会的衰落和士绅社会的崛起,社会精英人物试图通过其女儿的联姻来求得自己家族政治地位的提升,婚姻交换的天平因此从唐代的重聘礼倾斜到宋代的重嫁奁。嫁奁的重要性的增长导致了宋代继承法的修改,以确保丧亲遗孤的女儿能够获得其应有之嫁奁(伊佩霞[Ebrey],1991b)。

如何看待宋代女儿的权利必然会影响到人们对这些权利在宋以后朝代的评估。但上述三个学者没有直接讨论过宋以后女儿继承权的变化,其原因主要是他们对这一课题的兴趣是服从于他们对其他问题的关切的:滋贺和仁井田关心的是家庭财产的性质及财产继承和宗祧继承间的关系,而伊佩霞所注意的是嫁奁在宋代的膨胀。不过因为仁井田和伊佩霞从各自的角度都把宋代的发展看作独特的现象,所以他们都不约而同地认为宋以后女儿的权利发生了急剧的收缩。而如我们所看到的,滋贺倾向于强调延续而非变化,因此宋以后的变化的确切性质还有待说明。

本章将检讨与宋代女儿继承权相关的宋代法律和法律案件。根据导言所提示的分析框架,我们将首先观察那些与承祧有关的法律,或者更确切地说,关于在儿子缺席的情况下的女儿继承权的法律。然后我们将讨论分家,并分析那些认为女儿有权利得到儿子所继承财产份额一半的证据。从整体上来看,我认为三位学者中滋贺的观点相对来说最有说服力。不过我也发现他对某些宋代法律和《清明集》中的某些案件的看法与仁井田和伊佩霞的假设相同。这些假设妨碍了我们对南宋女儿的继承权,以及宋以后这些权利的变化更清晰的理解。

在进入正题以前,我想指出有关宋代女儿继承权的现存资料的局限。首先,《宋刑统》本身是有问题的。《宋刑统》颁布于宋朝定鼎之初的963年,之后从未做过正式修改和增补。其中不少律文后来被以"律、令、格、式"的形式颁布的法律取代。这些法律有些可以在现存的辑稿中看到,但还有一些只能在《宋会要》《续资治通鉴》《宋史·刑法志》及《清明集》里间接看到。

使用《清明集》的主要困难在于它与其他间接资料在年代上并不重合。《清明集》的案件主要集中在1220年代至1260年代,而关于民法的最重要的补充资料《宋会要》,资料截止于1220年左右,《续资治通鉴》和《宋史》关于这一时期的资料也越来越简单。因此,我们常常缺少外部的资料来证实《清明集》里有关法律的内容。

承祧:绝户女儿的继承权

理解宋代女儿继承权变化的关键是国家关于绝嗣家庭的政策。"绝户"(或"户绝")这一概念在唐宋时期有两层意义。一方面它指的是父系的断绝,如唐宋法律关于继承的部分说:"无后者为户绝。"(《唐》①:238)但这个概念也指作为纳税单位的户的消失。一个有男性家长的户被称为"课户";一个无子嗣(无论亲生或领养)的寡妇家庭则被称为"女户",当她死后其家庭就成为绝户。(马端临,1324,13:138—139)

从国家的观点来看,绝户同时意味着父系的断绝和纳税单位的消失。因此这一概念并不适用于兄弟数人同居未分、共同拥有财产的家庭,即使其中有一个兄弟(及其妻)已死而无子嗣,该户仍是一个完整的纳税单位,国家并不将其看作一个绝户。因此"绝户"这个概念只适用于这样的家庭:在这个家庭中,父亲已经与他的兄弟分家并独立门户,而父亲(和母亲)已去世,没有留下子嗣。这样的家才成为名副其实的绝户,即父系断绝和纳税单位消失。

宋代对绝户的政策

唐和宋对绝户的双重定义是相同的,但它们对绝户财产处理的政策不同。根据唐律,如果父亲亡故而未在遗嘱中做安排,则其户绝的财产归其女儿;若无女儿,则归其父系近亲(兄弟、子侄、叔伯或堂兄弟);若他也没有这样的近亲,则其财产归国家所有。(仁井田编,1933:835—836)唐律未在已婚和未婚女儿之间做区别。

---

① 本书中《唐》指《唐律疏议》,《宋》指《宋刑统》,《明》指《明律集解附例》,《清》则指《大清律例》,引自薛允升1905年所编、黄静嘉所整理编目的版本(《读例存疑》)。正文中不再标注相应出版时间,请参本书《引用书刊书目》。

宋代改变了对绝户财产的政策。① 与唐律不同,宋律对女儿做了未嫁、出嫁和归宗的区别。② 只有未嫁的女儿保留了她们对绝户财产的充分权利,归宗女儿的权利则受到很大的限制,而出嫁女儿的权利更小。如果归宗女儿是已绝户中唯一活着的成员,那么她(她们)可得家产的一半,另一半则归国家所有。如果出嫁的女儿是唯一活着的成员,那么她们只能得三分之一的家产,其余三分之二则归国家;不过,如果她们还有未嫁或归宗的姊妹,那她们就什么也得不到。

宋代法律还对立嗣做了特别的区分。唐律赋予过继嗣子——无论生前还是死后所立——与亲生儿子相同的权利和义务。一个家庭只要有一个嗣子,就不是法律上的绝户,其财产也不被视为绝户之财产,即便该嗣子为户主死后所立。宋代法律则为死后所立嗣子确定了一个新的法律地位。如果一个人无子嗣,他或他的寡妻过继了一个嗣子,这一过程被称为立继。然而,如果他们没有过继嗣子,那么他们去世后,其家就成为绝户。在这种情况下,丈夫的亲戚可以为他过继一个嗣子,这种情况则被称为命继。③

---

① 关于宋代绝户政策的发展变化的详细研究请参看魏天安,1988;永田,1991;袁俐,1991;板橋,1993。
② 按照宋代法律,"归宗"指的是女儿被婆家赶出来或寡居而无子嗣,无夫家财产权利,因而回到娘家居住。(《宋》:198)
③ "立继"和"命继"只对宋代法律有意义。在其他的朝代,"立继"只是指为无子男子立嗣,而无关乎是由他本人来立,还是由他的寡妻或他的族亲来立。"命继"则指的是"命令自己的儿子或孙子去做另一人的嗣子"(仁井田编,1933:234;吴昆田,无出版年代,67:16a—19a)。因此,"立继"和"命继"并不是如在宋代那样被解释为全然不同的过程,而可能是同一过程的一部分,即在一方为立继,在另一方为命继。

14　　只有父母过世之前所立嗣子才享有同亲生儿子一样的权利和义务,包括完全继承家庭的财产。那些在父母死后由别人所立的嗣子无权继承家产,他们拥有的只是对绝户财产的权利,即他们必须和该户的女儿及国家分享绝户的财产。(《清明集》:265—268,287—289)至迟在1220年代已经有了一项在命继嗣子、女儿和国家间分割绝户财产的详细法律。命继嗣子所得之最大份额是三分之一的绝户家产。① 表1列举了各方所应得之份额。

表1　南宋时期绝户财产的分割

遗属	女儿之份额	命继嗣子之份额	国家之份额
只有女儿(们)			
未婚女儿(们)	1	—	—
未婚加归宗女儿(们)	1	—	—
归宗女儿(们)	1/2	—	1/2
已婚女儿(们)	1/3	—	2/3
已婚但有归宗或未嫁姐妹者	0		
女儿加命继嗣子			
未婚女儿(们)	3/4	1/4	—

---

① 在宋代,直至1132年,命继嗣子对绝户财产都没有任何权利。此后国家才决定给他们至少一部分权利,这个决定是根据一位江南东路提点刑狱的一份奏疏做出的。该官员指出命继嗣子像个弃儿,按照习俗他不能继承他本家的财产,按照法律他又不能继承绝户的财产。他建议将命继之人与出嫁女儿同等对待,给予他绝户财产的三分之一。(《宋会要辑稿》,1964:5905)

续表

遗属	女儿之份额	命继嗣子之份额	国家之份额
未婚加归宗女儿(们)	4/5	1/5	—
归宗女儿(们)	1/2	1/4	1/4
已婚女儿(们)	1/3	1/3	1/3
只有命继嗣子	—	1/3	2/3

资料来源:《清明集》:265—268,287—289,315—316。

唐宋关于绝户的法律在另一个方面也有不同。在唐代,如果绝户没有女儿,父系男性近亲可以得到其全部财产。然而在1015年,一项朝廷法令让他们丧失了这一权利。这项法令规定自此以后绝户的田产不再给予其父系族亲,而是由国家充公后出售或出租(《宋会要辑稿》,1964:4812)。父系族亲得到绝户财产的唯一可能是通过命继嗣子(可以是他自己或其子孙,取决于他同死者的辈分关系)获得。即使这样,他所能获得的也仅是绝户家产的三分之一。

宋代最重要的变化就是国家对绝户财产权利的扩张。在唐代,只有当绝户既无女儿又无父系男性近亲时,国家才有权将其财产充公,但它的继承者逐步地扩张了它的权利。国家首先是通过限制女儿和命继嗣子的权利来实现这种扩张的。到12世纪末,如果家产总值不超过500贯(1贯通常为1000钱),他们就可以得到家产的全部;如果家产价值在500至1500贯之间,那么他们最多只能得500贯;若财产超过1500贯,则他们的所得不得超过三分之一,并以3000贯为上限;如果财产价值达到20 000贯或更多,那么他们可以再多得2000贯,达到总数5000贯。所有财产中超出这个上限的部分都归国家所有。(《宋会要辑稿》,1964:5905—5906;《续资治通鉴》,无出版年代:3922;《清明集》:110—111,287—289)要了解这些数字的意义,有必要在这里提一句:在13世纪早期,一亩典地的价格在9至14贯之间。(《清明集》:170,315)

宋代国家对绝户财产的权利并不止于对超出上限部分的攫取,它还保留了对其余部分的权利。宋代国家实际上将这一权利扩张到有未嫁女儿以外的所有情况。它在其他情况下所得之财产占绝户家产的四分之一至三分之二,这取决于女儿的婚姻状况和有无命继嗣子(表1)。

从国家的角度来看,最关键的变化是对立继与命继的区别和对命继嗣子权利的相应限制。确实,限制命继嗣子的继承权利对国家扩张自己的权利是至关重要的,但同时做出的对立继和命继的区别也巧合地带来了女儿权利的扩张。这是以牺牲命继的权利为代价的,因为在唐代,只要有嗣子,则女儿除了嫁奁,对家庭财产没有任何权利。

值得指出的是,女儿对绝户财产的权利并不是绝对的。唐宋时期的绝户法律只有当死者对财产的处分没有留下遗嘱时才发生效力,遗嘱的赠予可以抵消法律。这当然意味着一个女儿可以得到比法律规定更多的份额,但同时也意味着女儿可能得到更小的份额。无论如何,在宋代,她只能继承法律所允许的数额,因为国家规定了一个无嗣男子财产所能赠予别人的上限,这上限与国家对绝户财产的规定相同。(邢铁,1992)这里国家同样对无嗣家庭的财产提出了自己的要求。

那么关于女儿的继承权,宋代有关绝户财产的特殊法律告诉了我们什么呢?仁井田争论说,作为家庭财产的共同所有者,女儿和妻子一样,在家中无亲生或过继的儿子时,拥有存命者权。(仁井田,1942:61,479;1962:383)在丈夫死后,寡妇成为家庭财产的唯一所有者(除非她过继了嗣子),对父母已过世的女儿来说同样如此。寡妇和女儿的存命者权的区别只在于这种权利何时生效。它们在本质上并无不同。

滋贺反对这样的观点。对他来说,寡妇的权利和女儿的权利有着本质上的不同。在他的分析中,父子一体之外,最重要的关系是夫妻一体,这个关系允许妻子在很大程度上和儿子一样,在她丈夫死后代表他,父女之间则没有这样的纽带。滋贺争辩说,毫不奇怪,无子家庭只有在夫妻双亡以后才被当成绝户。妻子可以代表其丈夫,但一个女儿即使未嫁,也不能代表其父亲。滋贺以比喻总结说,对一个户绝家庭来说,其家庭财产作为一个有机体也死亡了,女儿所得到的只是其残骸而已。(滋贺,1953—1955,4:38—46)

滋贺在这方面的论点是两者中更具说服力的,因为宋代绝户法律表达得最为确定的是女儿对家庭财产的权利都有什么条件。它可以被父亲的遗嘱取消,也可以被国家的政策剥夺,这对儿子,甚至对寡妇来说是不可能的。

寡妇权利和女儿权利的不同,要求我们使用定义更为严格的术语。因为对寡妇来说,只有当子嗣——无论是亲生的还是过继的——缺席时,她对家产才有权利,她的权利可以最恰当地定义为因(男性子嗣)缺席而继承。而对女儿来说,只有当子嗣和寡母同时缺席时,她对家产才有权利,她的权利同样是因缺席而继承的。但同时,她的权利还取决于她父亲的愿望和国家的现行政策。因此,对她的权利最恰当的定义可以是有条件的因缺席而继承。

对宋代政策的解释

那么我们应如何解释宋代绝户政策的变化呢？让我们先来讨论仁井田的观点。仁井田虽然清楚地注意到国家要求的升级,但仍然坚持宋代绝户法的起源是地方习俗。他争辩说南宋从法律上区别立继和命继,以及女儿的财产权利在牺牲命继嗣子权利的情况下得到的扩张,是政府法律融合了华南地方习俗的结果。(仁井田,1962:391)

但是《清明集》里并没有案例证明民间习俗中对立继和命继的区别。恰恰相反,倒是有证据显示这样的区别是由法律强加的。例如刘克庄于1240年代审查一件继承案时提到,被告田通仕"初间未晓条法,欲以一子而承世光(死者)全分之业。……今既知条法,在室诸女得四分之三,而继绝男止得四分之一,情愿依此条分析"(《清明集》:253)。另外还有四个案例也显示了相同的情况(《清明集》:107—108,110—111,265—268,287—289)。显然社会习俗不是这种区别的来源。

与仁井田的切入角度不同,伊佩霞争论说绝户法的变化完全是因为宋代国家要确保遗孤女儿有足够的嫁奁。诚然,对于未嫁、归宗和已嫁女儿的不同需要的细节的注意,间接地表明对嫁奁的关心确实在法律制定中起了一定的作用。但是伊佩霞的解释忽视了国家对自己利益扩张的优先考虑。

即使是滋贺也同样认为宋代的绝户法律主要关心的是继承和承祧,即把户的断绝看作父系的断绝。在这样做的时候,他和别人一样,没有充分考虑国家看待绝户的角度,即把户看作一个赋税单位。宋代大多数绝户法令以农业和赋税政策的形式出现(在资料中也是这样归类的),而不是以继承和承祧法律的形式出现,这绝非偶然。只有把相关的国家利益考虑在内,才能充分理解宋代的绝户政策。

国家利益在绝户财产问题上是三重的。首先,国家至为关心的是土地的继续耕种及赋税徭役的提供。宋代法律规定,户的断绝必须在户主夫妇死后的三天之内报告地方官府(魏天安,1988:31),或者用一位北宋官员不无讥讽的话说,在"死者目未瞑"时就报告(李新,无出版年代,22:16b)。这种急迫性的背后是国家担心土地抛荒或被别的村民窃据耕种。这两者都会使国家急需的赋税和劳役服务受到损失。

其次,一个相关的问题是国家力图控制官宦士绅户通过合法豁免和非法手段兼并土地、逃避徭役和赋税的现象。国家认为这些"兼并之家"要对日益严重的土地分配不均和农民赋税徭役负担过重负责。众所周知,土地兼并是 1069 年至 1085 年间王安石新法的主要打击目标,它也是南宋早期主要关心的问题。其时国家试图防止兼并之家私自开垦淮南地区(淮河与长江之间的地区)的大片荒田,这一地区刚刚在战争中遭到严重破坏,人口急剧减少。(朱家源,1983:248—254;魏天安,1988:38)毫不奇怪,随着国家对土地兼并的日益关切,它的绝户法律也越来越严苛,这特别表现在为女儿和命继嗣子所能得到的绝户财产设定上限上。根据这一历史背景,关于绝户财产的法律应看作宋代国家限制土地兼并努力的一部分。

最后,宋代国家也把绝户财产,特别是其土地看作一种直接的财政收入。① 一旦被收归国有,绝户土地就会与被人遗弃的逃田一样被归入"官田",用以招佃或出售。宋代国家更倾向于出售绝户财产,招佃只是在土地无人购买时的权宜做法。(魏天安,1988:35—38)

宋代对绝户财产这样大的需求无疑同当时巨额的战争和防卫支出有关。确实,出售或出佃绝户财产的所得常常被指定用作军需(《宋会要辑稿》,1964:5874)。赵宋朝廷用大约120万人的职业常备军取代了相对节省的府兵,因此被迫投入巨量的财政收入来维持这支军队。根据保罗·史密斯(Paul Smith)的计算,在11世纪中期,国防支出占了国家每年83%的现金收入和43%的全部年收入(现金加上实物收入),这"比1502年明代全部财政预算高出35%"。(史密斯[Smith],1991:8)这一状况到了下一个世纪,即宋在1127年丧失了半壁江山和北方大片经济区后变得更为严重。

保障农业生产、抑制土地兼并和满足财政需求,所有这些关切在背后支撑着宋代国家的绝户政策,但是这些关切只能解释为何国家采取了这些特殊的措施。毕竟,其他朝代也对农业生产和土地兼并有着和宋代一样的关切,并常常发现它们财政支绌,但它们

---

① 关于国家把绝户财产看作财政收入的来源,最明确的证据来自对这些法律的谴责。主要的批评是认为政府为了获得更多的财政收入而牺牲百姓的利益。例如《宋会要辑稿》,1964:1316;李焘,无出版年代:383;《清明集》:282。

并未采取同样的政策。比如,这样的政策在明清时期似乎是不可能的。是什么使它们成为宋代的国家政策呢?

两个因素对宋代采取这种政策特别重要。首先是国家强调对所有土地拥有绝对的所有权。事实上,绝户财产的法律最初是在唐代均田制背景下产生的。在这个制度中,国家宣称拥有所有的土地并有权按适当的方式来分配这些土地。其中口分田在受田者死后就立刻归还国家重新分配,世业田则允许上一代户主传给下一代户主。如果家中没有户主,这户人家就被宣布为绝户,其世业田要归还国家重新分配。(《唐会要》,无出版年代,83)

宋代的许多法律依据的是唐律,因而也延续了这一传统,尽管它不得不面对私有财产的现实。绝户的财产首先和主要地"属于"国家,因此,应由国家来决定如何处理它。因此绝户法用"给"或"与"这样的字眼来谈分割财产给女儿、命继嗣子或男性族亲,而不用与财产继承有关的字眼,如"承受"或"承分"。

其次,宋代绝户政策是在强制侄子继嗣还未生根的时候制定出台的。滋贺认为这些政策是反常和例外,在他看来恒定的原则是每个男子都应有嗣子,无论亲生还是过继,而嗣子(或亲生嗣子们)有权得到全部的家产。在这样争论的时候,滋贺假定这一原则在唐宋时代和明清时代完全一样,是深深根植于当时的法律制度的。结果他不得不把宋的政策,特别是它对命继嗣子的歧视性做法,看作他所认定的一般规律的一个反常和例外。我认为宋代的绝户政策绝非反常,而是与宋代国家在宗祧继承问题上的总体立场保持一致的。最重要的是,这些政策揭示了强制继嗣此时还未成为国家法律的一部分。

事实上,唐宋法律从未强制规定为无子男子立嗣。《清明集》案例中的法官们在谈到为无子男子立嗣时总是说这是一种道德义务,而非一种法律责任(例如《清明集》:208,215)。唐宋法律允许男子生前在昭穆相当的同宗族亲中过继嗣子,或由他的寡妻在他死后这样做(《唐》:237;《宋》:192—193),但这并不是法律上的要求。同样,对族亲来说,在族中的丈夫和妻子死后为他们立嗣也不是法律上的要求。

唐宋法律依据的是儒家经典中的宗法制度,强制继嗣绝非其中通行的准则。儒家经典理念依据的是传说中西周封建制度的宗法组织,强调在同宗之中区别大宗和小宗。

大宗由宗族始祖的长子建立,并世世代代由长子来继承。大宗的继承人继承始祖的官职、爵位和封邑,以及宗族的族长地位,并对宗族全体成员的利益负责。他还在对宗族所有祖先(无论多么久远)的祭祀仪式上继承主祭的职位。小宗由始祖的次子建立,并且每一代都有新的旁系小宗产生。与大宗的世袭罔替不同,小宗的延续被限制在五世之内,这是丧服的界限。小宗的嗣子只有资格祭祀四代以内的祖先(从他的父亲到高祖)。

在这个制度中,只有大宗的延续是必须的,因为只有大宗把整个宗族在政治上、社会上、经济上和祭祀上整合在一起。如果大宗绝嗣,宗族就丧失了它从国家得到的职俸、在封建贵族制度中的地位、自身的社会和经济凝聚力及祭祀远祖的功能。因此儒家经典规定,如果大宗的宗子死而无嗣,族亲必须过继一个小宗的儿子做他的嗣子。儒家经典同时规定,若小宗面临绝嗣,则应听其自然,而对其死去成员的祭祀由大宗的嗣子来承担。儒家经典的理念因此只要求对大宗长子的强制继嗣。①

还必须指出的是,在儒家的理念中祖先祭祀只是少数精英的特权,而不是一般人的义务。正如《礼记》所说:"礼不下庶人,刑不上大夫。"庶民百姓如何做事营生不在国家的管辖范围之内。

虽然唐宋政府并未严格遵照儒家宗法理念,但宗法理念的影响仍然可以在唐宋有关承祧的法律中看到。首先,在这两个朝代,祖先祭祀仍旧是贵族的特权。只有那些具有官员身份的人才能祭祀祖先,至于他的多少代祖先可享祭祀及祭祀的规格,则严格遵从他本人在九品制度中的品级。(参见伊佩霞[Ebrey],1991a:47—61)不仅如此,品级爵位的继承和祭祀特权的继承也仍旧是密不可分的。虽然在唐宋时代,官员的职位本身是不能继承的,但与官职相随而来的有封爵和食封及科举中"荫"的特权,对这些特权的继承和对祖先祭祀特权继承的规定是完全相同的。

在唐宋时代,国家的主要关切是从一个男子的亲生儿子中选择合适的嗣子(立嫡)来继承他的特权和祖先祭祀。长子比次子有优先权,嫡妻之子比妾之子有优先权。如果有人立嫡违法,他将受徒刑一年。唐宋法律还规定,如果一个人的妻子年过50仍未育子,他就可以立妾的长子为嗣。(《唐》:238;《宋》:193)

唐宋国家不太关心的是无子男子的立嗣。在这方面,儒家理念的影响同样可见。虽然两个朝代都无意坚持上古时代对大宗、小宗的区别,认为以它为基础的官僚世袭制已与时代脱节,但两个

---

① 关于儒家宗法理念的一般历史请参阅伊佩霞(Ebrey),1984a,1991a;周启荣(Chow),1994。关于古代制度中立继的特别讨论,请参阅蔡新、纪大奎、秦蕙田、汪琬、朱轼,以上均无出版年代。

朝代都坚持以小宗的五世模型为祭祀和丧服的基础。这个模式，如我们所看到的，对无嗣男子的族亲并无特别要求，即并未要求他们为他立嗣，若他和他妻子生前没有这样做的话。

唐宋政府没有明确禁止官员死后立嗣，但也未对这样的命继在法律上予以认可。法律不准死后命继嗣子继承该官员的贵族封爵和其他官职上的特权，唯一的例外出现在该官员为国家战死疆场时。（仁井田编，1933：305—306，316；《宋》：392—393）它也不承认死后命继嗣子有权继承对祖先的祭祀。如果一个官员没有亲生儿子，或者他和他的妻子在生前没有过继一个儿子，他的家系就会被定为绝户。没有规定允许他的族亲在他死后为他立嗣以延续家系，只有在礼部认为情况特殊时，可以出现例外。在这种情况下，礼部郎中会发出特诏给死者的亲属，允许他们为死者立嗣，而这个嗣子可以拥有和生前立继的嗣子一样的权利和义务。（《宋会要辑稿》，1964：1315—1316）因此，为一个已死官员立嗣是国家恩准的特权。

正是命继嗣子这种模棱两可的地位，加上国家对绝户财产的预设的权利，给了宋代政府充分的回旋余地来采取它的政策。虽然如我们所看到的，唐律允许死后所立嗣子继承他们继父的全部财产，但是这并不是强制继承的原则。无论如何，如宋代命继嗣子的状况所表明的，他们的财产权利并不那么牢靠，官府可以为了自己财政的利益而剥夺他们的权利。因此，在一个如滋贺所认为的坚持强制继承的法律文化中，宋代的绝户政策并不特别反常。相反，这些政策同唐宋时期国家在继承问题上所采取的总体立场非常吻合。

分家：女儿给半？

关于未嫁女儿有权在分家时得到儿子可得家产之一半份额的问题，是两个问题中更困难、更有争议的一个。不像绝户法律的证据可以在外部资料和《清明集》判词中找到，所谓一半份额的证据只有《清明集》中出自同一个官员之手的两个案例。绝户法规定，只有在没有亲生或生前过继子嗣时，女儿才可以继承家产。与绝户法不同，所谓一半份额的法律允许未嫁女儿在亲生或生前过继子嗣在场时也继承家产。根据一半份额的公式，家产在一个儿子和一个未嫁女儿之间的分割应为儿子得三分之二，女儿得三分之一；在一个儿子和两个未嫁女儿间应为儿子得二分之一，两个女儿各得四分之一；在两个儿子和一个未嫁女儿间应为儿子各得五分之二，而女儿得五分之一；在两个儿子和两个未嫁女儿间应为儿子各得三分之一，女儿各得六分之一；如此类推。

仁井田争辩说女儿给半是当时流行的一种民间惯行在国家法律中的体现。那么我们就先来检讨他所提出的关于这一民间惯行的证据，然后再来看他的法律证据。

民间惯行的证据

仁井田提供的关于通行的一半份额社会实践的唯一证据是《清明集》中的一个案例。这个案例是范应铃在1220年代——很可能是在他的江西抚州通判任内,或湖北蕲州通判任内——所做出的判决。①

郑应辰有两个女儿:孝纯和孝德,但无嗣。他因此从族中另一房里过继了一个儿子孝先。在他过世前,郑应辰立下遗嘱,给他的两个女儿各130亩地和一间库房(从他的3000亩地和10间库房中)。他死后,他的养子孝先提起诉讼,声称这份遗嘱是假造的。案件到了范应铃手上后,他斥责孝先的贪婪,并指出:"若以他郡均分之例处之,二女与养子各合受其半。"因此孝先应该庆幸当地没有这样的惯例,而不应该顽固地在遗嘱上做文章。然后,范应铃命令按照遗嘱给两个女儿应得之财产。(《清明集》:290—291)

在仁井田的论点中,这个案例的关键是范应铃提到的别的地方的惯例。按范所说的惯例,财产的分割应是继子得一半,两个女儿得另一半(每人得四分之一)。仁井田得出结论说,在民间惯行中,财产分割的一般原则是女儿得儿子份额之一半。

然而,对这段话准确的解读似乎不仅应考虑后半段的具体分割,还应考虑前半段中的"均分"这个词。而对"均分"唯一正确的解读应该是指财产在一个过继儿子和所有女儿之间的均分。因此,如果只有一个女儿,她应得到家产的一半,另一半归过继儿子。如果有三个或三个以上女儿,她们应合起来得到家产的一半,另一半归过继儿子。范应铃所碰到的案例正好是两个女儿,所以在他对孝先假设的按惯例分割办法中,所有女儿和一个过继儿子间的均分就变成每个女儿所得恰好是过继儿子的一半。因此这句话

---

① 关于范应铃的传记,请参阅《宋史》,无出版年代,410:12344—12347。

中,两个女儿应各得儿子所得之一半纯属巧合,而不是财产分割的原则。

另外,仁井田和我对文中的"他郡"也有不同理解。仁井田认为这指的是"其他的郡",因此这代表了一种广泛流行的做法。但"他郡"还可以仅仅指另一个郡,或者如我所理解的,指某些其他的郡。

仁井田还进一步认为这一民间惯行不仅适用于女儿和过继儿子之间,也适用于女儿和亲生儿子之间(仁井田,1962:381—382),但是这个看法根据的不是这个案例的事实。范应铃在判词中反复强调孝先的过继地位,总是称他为养子或过房之人。他还写道,孝纯和孝德"二女乃其父之所自出",如果"祖业悉不得以沾其润,而专以付之过房之人",那是不恰当的。从范的陈述可以看到,在考虑其他州郡的民间惯行时,他脑子里除了养子没有其他问题。因此不能认为这个地方惯行也适用于有亲生儿子的家庭。

更进一步说,这样的民间惯行只是一个例外而非常规。通常的民间惯行是所有的儿子——无论亲生还是过继——都有权继承他们父亲所有的财产。比如在这个案例中,养子孝先希望得到他养父的所有财产,甚至觊觎其姊妹根据父亲遗嘱所得的少量赠予。《清明集》中其他所有关于继承的案例都反映了相同的情况:在民间惯行中,无论是亲生的还是过继的儿子都有充分的权利继承父亲的财产,而女儿们按惯例至多只可以得到嫁妆,嫁妆的多寡取决于父亲;如果父亲未留下遗嘱,则取决于儿子们。(例如《清明集》:107—108,110—111,141—142,175—176,215—217,217—223,237—238,265—268,287—289,296—297)

总之,这个案例无法支持仁井田的结论。它只告诉我们存在着在一个养子和数个女儿们之间对半分割财产的地方性做法,但不能证实存在着每个未嫁女儿可得儿子应得份额之一半的民间惯行。

关于女儿给半法律的证据

仁井田关于国家法律给予未嫁女儿一半家产的证据来自刘克庄1244年至1248年间在江南东路提点刑狱公事任内所审理的两个案子。① 第一个案件是关于江西鄱阳县周丙的财产的。周有一个女儿,招赘了一个女婿,周死后有一儿子出生(遗腹之男)。招女婿李应龙声称周丙生前曾答应给他一半家产。最初审理此案的县尉拒绝女婿一半家产的要求,而判给他十分之三。该官员引用了咸平年间(998—1003)张咏(乖崖)审理的一个著名案子来支持自己的判决。在那个案子里张认为,在一个儿子和一个招女婿之间恰当的财产分割应该是儿子得十分之七,女婿得十分之三(关于这个特例,参阅李焘,无出版年代,44:11b)。

周丙的案子上诉到提点刑狱刘克庄这里,刘判决说招女婿就本人来说没有任何继承财产的权利,但"在法,父母已亡,儿女分产,女合得男之半"。他因此令将周家财产一分为三,遗腹子得两

---

① 关于刘克庄的传记,请看陆心源(无出版年代,29:12a—17b)。这两个案例也见于刘克庄文集,在文集中刘特别指明这是他在江南东路提点刑狱公事任内所听到的案子(刘克庄,无出版年代:1712,1773,1726—1730)。关于提点刑狱公事在上诉过程中的职责,参见麦克奈特(McKnight),1992:233—237。

份,女儿得一份。(《清明集》:277—278;刘克庄,无出版年代:1725)

第二个案例是关于江西建昌县田县丞的财产的。田虽从未正式婚娶,但有两个儿子,长子世光为养子,次子珍珍为妾(田)刘氏所生。① 养子世光亦从未婚娶,无子,但有两个女儿,是与家中一女仆秋菊所生。田县丞先死后,其养子世光亦死。诉讼起于田县丞的弟弟田通仕欲将自己的一个儿子世德立为世光的嗣子。田县丞妾刘氏在法庭上以非常充分的理由反对这一做法,因为这打乱了辈分关系,世德和世光同出一辈,是堂兄弟。

当这个案子上诉到刘克庄这里时,刘决定只要田氏族长证实族内没有辈分适当的人选,就允许世德过继。然后他判决将田县丞的财产均分为二,一份给田县丞的亲生儿子珍珍。最后因为世德是命继,所以刘根据绝户法,将另一半财产的四分之一判给他,而把其余四分之三给了世光的两个未嫁女儿。

但是案子并未到此为止。刘氏这时又告诉法庭她和田县丞还生有两个女儿。考虑到这一新的情况,刘克庄写道:

> 前此所判,未知刘氏亦有二女。此二女既是县丞亲女,使[世光]尚存,合与珍郎[珍珍]均分,二女各合得男之半。

刘克庄于是决定根据这个方案,将田县丞的财产分为三份,一份归世光的两个女儿和世德,一份给珍珍,余下一份归刘氏的两个

---

① 在帝制中国,已婚妇女,不论妻妾,通常以夫姓加父姓再加上表示敬意的"氏"字来称呼。

女儿(一人六分之一,即儿子所得之一半)。

最后,不知出于什么原因,刘克庄决定不严格按照这个方案分割,虽然女儿给半仍体现在他的判决中。他先将财产均分作两份,一份给妾刘氏的三个子女,另一份给秋菊的两个女儿和命继子世德。刘根据绝户法来决定这一份财产在秋菊二女和世德间的分割,但做了一些调整以便让世德安葬其继父。对于给刘氏子女的那一份,刘克庄根据女儿给半的方案,给刘氏的亲生儿子珍珍一半,而给两个妹妹各四分之一。(《清明集》:251—257;刘克庄,无出版年代:1726—1730)

对刘克庄两个案例的讨论

表面上看起来,证据似乎很明白。提点刑狱刘克庄对上述两个案子做判决时头脑中确实有一条专门的法律。他好像也相信法律要求他给每个女儿相当于儿子所得之一半的份额。

在更详细地讨论刘提到的女儿给半的法律之前,先退一步,在当时的社会背景中来估量一下假定的女儿给半的法律或许是有帮助的。即使这样一项法律确实存在,我认为那也是高度反常的。

刘克庄所提到的女儿给半的法律首先必须根据所有的反面证据来评估。《清明集》中的其他官员处理的许多案子也在1240年或以后,但没有人明确地引用过女儿给半的法律,或间接地表明在判决分家案时他们遵循的是这样的法律。事实上,所有其他的案例,加上所有的外部资料,都不容置疑地表明情况恰恰相反:财产在儿子之间均分,对未嫁女儿则至多提供嫁妆。这是宋代的民间惯行和国家法律,与帝制中国的任何其他时期毫无二致。

对刘克庄提到的法律应该根据当时鄂州通城县(今湖北通城县)的一个案例来考虑,这个案例对未婚女儿在分家时的财产权利运用了完全不同的法律。该案例是关于在三个出嫁女儿、一个未婚女儿和家中独子的养子之间的财产分割的。审案官员写道,"定","诸分财产,未娶者给聘财,姑姐妹有室及归宗者给嫁资,未及嫁者则别给财产,不得过嫁资之数"。该官员判决过世父亲的财产由独子的养子继承。未婚女儿已到13岁的婚嫁年龄,只可以得到一份嫁妆。(《清明集》:215—217)显然,该官员判决的法律根据不是未婚女儿给半的法律。

不仅如此,女儿给半的法律也与绝户法和遗嘱法极不相称。如上面所讨论的,父母生前所立嗣子对家庭财产享有与亲生子相同的权利。只有在命继的情况下,关于女儿继承权利的规定才生效。《清明集》中应用这一法律的许多案例提供了大量证据,说明在南宋后期它绝不是空头文字。问题是这一法律如何同女儿给半的法律互相兼容:前者给予立继嗣子继承家产的全部权利,即使家中有未嫁的女儿;后者则规定即使有立继嗣子,也要给未嫁女儿一半份额的家产。

这个法律还和国家所规定的遗赠财产和绝户财产继承的上限相冲突。如我们所看到的,宋代法律对无嗣者可以遗赠女儿和其他人的财产数量有严格限制。这些限制附在绝户法中,被用来限制女儿、命继嗣子和其他人所能得到的绝户财产。我们如何才能使所谓女儿给半的法律与这些限制相互调和,使女儿能得到的份额超过这样的法定限制呢?

如我们已经看到的,女儿对绝户财产的权利不是绝对的。法律所规定的财产份额只有在死者没有对财产的处理留下遗嘱时才有效。既然在没有子嗣的情况下,女儿对家产的权利也是有条件的,我们就很难设想在有亲生儿子或生前过继嗣子的情况下,她对相当于儿子所得之一半份额的家产的权利会是绝对的。

我们还需要仔细考虑女儿的一半财产份额对个别家庭和国家产生的后果。如果像仁井田和其他人所设想的,每一个未嫁女儿都可得到儿子所得之一半的家产,那么受家庭中儿女结构的影响,一个家庭中的大部分财产就可能会被给予女儿,并随着她们的出嫁而从父系家庭中永远消失。比如,如果一个家庭有两个女儿、一个儿子,那么两个女儿在分家时可得到家产的一半。如果女儿的人数更多,她们就会得到总数超出一半的家产。这样的失衡效果随着世代的交替,在将来的分家中只会不断放大。

对于精英家庭,女儿给半法律的后果可能不会那么严重。毕竟如伊佩霞所告诉我们的,他们已经习惯于给女儿大量嫁妆,以通过婚姻来扩张政治上的关系。此外,他们的财产不仅仅是土地,他们可以以现钱或其他动产的形式实现给女儿的一半份额,而使父系家庭在世代交替时保持对土地的完整拥有。但是农民家庭通常除了土地,很少有其他财产,他们当然也没有权势家庭的那种政治动机。给未嫁女儿一半份额家产的法令会给他们自身及后代的生计造成灾难性的后果(当然,这要看家庭中儿女的结构)。

最后一点也同样重要:这样的法律和国家的财政利益是相冲突的。和其他的朝代一样,宋代的田赋和徭役制度的效率也取决于财产之坐落和其业主之居所两者间的同一。财产坐落和业主居所之间的距离越远,赋役的登记、评估和征收就越困难。宋代的官员大多抱怨地理上分散的土地所有权搞乱了国家规定的以村庄社区为基础的评估和征收(麦克奈特[McKnight],1971),而陪嫁所造成的财产转移会使国家了解民间财产状况变得特别困难(《宋会要辑稿》,1964:6342)。

任何女儿给半的法律都只会加剧这个问题。因为婚姻原则上是女儿外婚制,所以一个未嫁女儿所得之一半份额的家产会作为嫁妆转移到她嫁入的村庄。根据法律,这份财产的赋役责任也将转移到她夫家的家长头上(马端临,1324,13:138—139;《清明集》:607)。这样,土地和业主就会分散在两个不同的村子。这种情况随着时间的推移会造成广泛的业主居所和财产坐落的分离,对国家的税收来说不啻一场噩梦。

考虑到女儿给半法律的这种可能后果,只有当有极迫切的理由时南宋国家才会颁布这样的法律。仁井田的解释认为国家在南迁以后吸收了地方的惯行,这是缺乏说服力的,因为他必须首先论证女儿给半的惯行确实存在于南宋统治下的地区。但是不仅仁井田对证据的解读很成问题,而且《清明集》中其他70个关于承祧和分家的案件没有哪怕一个能支持这一点。

但即使这一惯行确实存在,仁井田仍旧需要解释为什么宋代国家会认为有必要将其变为法律。可惜的是仁井田并没有为此提供任何解释,相反,他把这说成只不过是一个消极的吸收过程。这样的说法当然没有解释为什么国家要把这一特别的民间惯行变成法律,而拒不接受诸如异姓过继、同辈承祧和赘婿财产继承等的其他惯行。

伊佩霞的嫁妆解释至少为颁行这样的法律提供了一个特别的理由,即保护孤女,对付寡廉鲜耻的兄弟、叔伯及其他人,并确保她们有嫁妆。在宋代,这对成就一桩体面的婚姻来说至关重要。她与仁井田的分歧是关于女儿给半的法律在什么时机下生效。她认为这一法律只适用于父母双亡后的分家(在女儿成为孤儿以后),而不是像仁井田所争论的那样适用于任何时候的分家。①

然而伊佩霞的论点亦有问题。首先这与她自己提供的大量证据相冲突。这些证据表明国家官员对嫁妆的增加和买卖婚姻感到非常忧虑,既然官员们如此担忧嫁妆的铺张,宋代国家又为什么要采用只会加剧这种倾向的法律呢?更为重要的是,伊佩霞关于女儿给半的法律只适用于孤女的结论根据的是这样一个假设,即刘克庄在讨论这条法律时力图在父母生前和死后分家之间划分一条界线。

但是刘克庄真的在做这样的区分吗?还是他只是在描述在怎样的情况下分家是法律上允许,因而现实可行的?不像明清时期的法律、律文下附有例,允许父母只要愿意就可以在他们生前分家(《大明会典》,1587,19:20b—21a;《清》:087-01),宋及唐代的法律对这一点有很严格的规定。虽然有证据显示在 12 世纪后期及 13 世纪前期国家开始改变它严格的立场,但是《清明集》案例中的

---

① 高桥芳郎(高橋,1995)最近提出了一个与伊佩霞相仿的论点。他们观点的差异只是所谓女儿给半的法律在什么时候适用。高桥认为未婚遗孤的女儿只有在她们的兄弟年幼而无法抚养他们的姐妹并提供她们嫁妆时,才有权得到相当于儿子一半份额的财产。伊佩霞则认为无论她们兄弟年龄的大小,未婚孤女都有权得到一半份额的家产。

官员们一般仍假定分家析产只能在父母亡故之后。① 刘克庄也不例外,他并没有在父母生前或死后分家之间做区分,因为在他的法律世界里,在父母生前分家的情况根本就不存在。这样,伊佩霞的论点就基础脆弱了。

因此即使在南宋的背景下,女儿给半的法律也不可能是现实的。除了刘克庄的两个案例,根本就没有其存在的证据。它与当时存在的关于女儿继承权的所有法律格格不入,也不符合农民家庭的最佳利益,更不用说国家的最佳利益。国家根本不会有任何迫切的理由要颁布这样的法律。

对刘克庄反常案例的解释

那么我们该如何来解释刘克庄的两个案例呢? 首先应该指出,他所说的并不是在逐字引证任何法律,因为他的讨论所用语言与正式的法律用语不同。他的完整说法是"在法,父母已亡,儿女分产,女合得男之半"。在已知的宋代法律中,凡谈到分家,用的都是"兄弟"或"子孙",没有用"儿女"的。如与《清明集》中其他案例相比,其用语在通常的法律话语中也极为少见。不仅如此,如我们

---

① 有一个判决甚至要求一个母亲和她三个已分家的儿子重新将家庭和财产合并起来,尽管他们原本是自愿分家的。(《清明集》:278—279)宋代国家反对在父母生前分家不仅是基于道德的理由,而且有很实际的考虑。宋代的徭役制度将户按其所有之财产分为五等,许多户在父母生前就分家析产,以降低户等和减轻徭役负担。(《宋会要辑稿》,1964:6248;赵雅书,1969:143)宋代国家的这种立场直到1192年才有了改变,该年的一项法律允许父母给一个儿子一部分家产,让他独立门户。(《清明集》:371—372)

所看到的,宋代法律对女儿的婚姻状况做了很确切的区分,人们会设想未婚女儿给半的法律也会这样做。但是刘克庄用的是"女"而不是"在室女"。根据这个理由,我们也应该把它看作刘只是在做转述。

那么刘克庄在转述哪一条法律呢？或许存在一些特别的法律,刘克庄决定用它们来处理他面前的两个案例。由于皇帝的敕令和各部的条令不断地加入,宋代的法律特别变动不居。不仅如此,任何先前的法律,不论年代多么久远,只要没有明确被废止或取代,就仍然有效;而任何皇帝的决定,即使是针对个别的案例,都自动地成为法律,除非有明确的规定。(麦克奈特[McKnight],1987)这种情况到了13世纪变得更为混乱,原先用来改善这一状况的做法是对法律进行定期编纂,但现在编纂的间隔时间变得越来越长,次数则越来越少。(沈家本,无出版年代:1013—1030)可以想象,从这大量的敕令和条令中,刘克庄可以随便找一条来加以解释和应用。

不过,对刘克庄的两条引证更为可信的解释是,他所引述的是《清明集》中另一个案例所引用的一条法律。该案由胡颖于13世纪40年代早期在湖南提举常平任内审理(《清明集》:280—282)。① 如我们将要看到的,那条法律所说的在室女依子承父分法给半,可以从不同的角度来解读。

有几条理由可以说明刘克庄的头脑里确实有这条法律。例

---

① 关于胡颖的传记,请参阅《宋史》,无出版年代,416:12478—12479。本文所讨论的他的这个案子没有年代,但《清明集》中其他证据清楚地显示13世纪40年代早期他在湖南任提举常平(《清明集》:97—98,124—126,322—324)。

如,在他审理招赘女婿案时,他特别提到他引述的法律是"条令",即由各部颁布的规定。① 胡颖在提到那条法律时也说"照条",在《清明集》中"条"通常是条令的简称。(《清明集》:253,266—267,289)

这里还有一个重要的年代上的契合。刘在其早年(1220)的建阳(在今福建)县令任内从未应用过任何女儿给半的规定,虽然他有机会这样做。(《清明集》:353—356)这表明他在两个案例中引述的那条规定是比较晚近颁布的,其时间可能在1220年他任县令与1244年至1248年他任提点刑狱这两者之间。胡颖引用这条规定的判词写于13世纪40年代早期。

最为重要的是,这条规定可以被解读为每个未嫁女儿能得到一个儿子份额一半的家产。"在室女"可以理解为单数——"一个未嫁女儿",正如"子承父分"的子可以指一个儿子,亦可指多个儿子。"子承父分"在《清明集》中经常被引用,意指"儿子继承父亲的财产"(例如《清明集》:175,268)。这句话隐含着财产均分的原则。最后,该规定中的"半"字可以解释刘克庄的女儿给半(不是三分之一、四分之一,等等)的想法是从哪里来的,因为如我们所看到的,在民间惯行中找不到这样的例子。

这样,胡颖所引之条令可以按字面意义译成这样:"一个未嫁女儿,根据儿子均分父亲财产的法律,可以得到其一半。"或者译得

---

① 因为刘克庄提到他所转述的法律是一个条令而不是律条,这也清楚地表明在他头脑里的不是宋律和唐律中的律条——该律条特别规定,分家时未嫁姐妹和女儿每人可得相当于一个儿子所得之结婚费用的一半来作嫁妆(《宋》:197;仁井田编,1933:245—246)。

更为规范一点:"根据儿子均分其父亲财产的法律,一个未嫁女儿可以得到一个儿子所得份额之一半。"

刘克庄对所谓一半份额法律如何应用的解释表明他头脑里事实上有这条规定。在他对田县丞案例的判词中,他写道:"此二女既是县丞亲女,使[世光]尚存,合与珍郎[珍珍]均分,二女各合得男之半。"根据刘克庄的解释,县丞的财产应先在世光和珍珍两兄弟间均分。这里他用的是"儿子均分父亲的财产"(以子承父分法)。在决定了儿子应得之份额后,才给两个女儿儿子应得份额之一半。这里他所根据的是"在室女……给半"。

可是问题是,刘为两个女儿计算的一半份额根本行不通。例如,在两个儿子间均分家产的结果是每人得父亲财产之一半,而女儿应得之份额为儿子所得之一半,也即父亲财产的四分之一。这会使子女四人所得之总和变成 $1/2+1/2+1/4+1/4$,这显然是荒谬的。因为女儿的应得会影响儿子的所得,儿子和女儿的份额必须同时计算。

所有这些说明对那个条令必须做不同的解释。让我们重新来分析这条法令,在室女可以是复数而不是单数,即"未嫁女儿们"而不是"一个未嫁女儿"。以子承父分法可以读作"根据儿子继承父亲之份额的法律"。这一法律直接来自唐宋法律中关于分家的律文:"诸应分田宅者及财物,兄弟均分。……兄弟亡者,子承父分。"(《宋》:197;仁井田编,1933:245—246)"子承父分"的字面意思是:"儿子(们)继承他们父亲[在未分割的财产中]的份额。"

在不同的情况下,子承父分可以有两种不同的解读。刘克庄所解释的"儿子们均分他们父亲的财产"适用于上一代只有一对夫妇的家庭。当父亲死后，他的儿子们可以平等地继承他的财产。刘的两个案例中的家庭都是这种情况。但是《宋刑统》中实际的条文是"儿子们继承他们父亲[在未分割家产中]的份额"，它适用于有两个及以上的兄弟(及他们的妻子)组成的、共同拥有财产而未分家的家庭，当其中一个兄弟死后，他的儿子们可以继承他在那份家产中的份额。

最后两个字"给半"使该条令等同于绝户法律。如前所述，因为国家把绝户的财产看作国家所有，所以其法律条文谈到这一财产的分割时用的语言是"给"或"与"，而不是"继承"。作为绝户法律，这一条令将一半财产给未嫁女儿，其隐含的意思是国家将保留另一半。

把以上分析结合起来，该条令应该这样来解读："根据儿子(们)可以继承父亲[在未分家产中]的份额，给未嫁女儿(们)相当于儿子(们)[若有儿子的话]所能得到的份额的一半。"换句话说，未嫁女儿们在没有儿子或嗣子的情况下将被给予她们父亲在未分家产中的份额的一半。

胡颖正是这样理解该条令，并将其应用于他所面对的诉讼案例的。在那个案例中，湖南邵阳县的曾二姑上告她的一个或几个叔叔非法夺取她死去父亲的财产。胡颖明确地将其定为绝户，做了对她有利的判决。他根据"在室女依子承父分法给半"的条令，判给她其父亲应得份额之一半的财产。他也提到，根据条令，另一

半财产将转归国家所有。① (《清明集》:280—282)

与刘克庄的解释不同,胡颖引用的这个条令与其他绝户法律一样,只在父亲没有亲生或过继子嗣来继承家业时才有效。这个案例中的家业指的是他和他兄弟共同拥有的、未经分割的财产。这一条令并未给一个未嫁女儿继承她父亲那份未分家产的权利,如果她父亲有亲生或过继子嗣的话。

同样,与刘克庄的解释相反,这个案例说明该条令并未要求给每一个女儿一半份额。一个无子家庭的独生女儿可得其父亲在未分家产中份额之一半,另一半则归国家所有,正如这个案例所显示的。如果有两个女儿,若她们各得一半,国家就什么也得不到。但是如果有三个或更多的女儿呢?显然她们每人不可能得到一个或几个儿子所能得到(100%)之一半。这表明女儿得一半份额不是这个绝户条令中的析产原则。相反,和其他的绝户法律一样,它所讨论的不是每个女儿的个人所得,而是女儿们作为集体所能得到的,即儿子(们)所能继承的他们父亲在未分家产中的份额的一半。

显然胡颖所引用的条令是对早先绝户法律的一个晚近补充。其目的是纳入早先法律所没有照顾到的一个情况,由此来扩展绝

---

① 但是胡颖并未将另一半财产入官,而是将其平分给她的两个叔叔,这无疑是为了维持家庭的和谐。他还根据绝户的法律规定,判决除了她父亲在未分家产中的一半份额,曾二姑还可得到所有她父亲的私财。在一个未分家的家庭中,私财指的是官俸、嫁奁和未用家庭财产购置的土地及经营的产业。请参阅仁井田,1942:455—459;滋贺,1967:507—511;伊佩霞(Ebrey),1984b:198—200。

户财产的定义和国家对这一财产的权利。① 如前所述,早先的法律只适用于那些财产为父亲一个人所拥有的户,而不适用于他与兄弟共有财产的户。当无子嗣的父母死后,该户就成为双重意义的绝户:父系的断绝和纳税单位的消失。在那种情况下,本章第一部分讨论的绝户法律就会生效。如果没有命继嗣子,未嫁女儿会得到法律许可范围内的她们父亲的财产。如果有命继嗣子的话,她们可得其四分之三,命继嗣子得四分之一。

那些法律不适用于兄弟们共同拥有财产还未分家的户。当其中一个无嗣的兄弟及其妻子死去后,该户并不因此成为绝户,因为户中的其他成员仍作为一个纳税单位存在。如963年颁布的(根据唐律制定的)《宋刑统》规定,如果这个家庭要分家,已死兄弟的份额就会并入家产,分给在世的兄弟及他们的儿子们。(《宋》:197)女儿们无权继承她们父亲在未分家产中的份额,国家也不对这种财产提出要求,因为这样的户并不被定义为绝户。

但是通过颁布胡颖所引用的条令,国家在南宋后期对这种财产也提出了要求。一个去世兄弟在未分家产中的份额现在被定义为潜在的绝户财产,当分家时,这份财产将在未嫁女儿们和国家之间平分。对未婚女儿来说,这条规定当然标志着她们财产权利的扩张,但是和其他绝户法律一样,这一扩张与国家权利的扩张恰好同步。

---

① 这一条令的灵感可能来自关于贵族食封继承规定的法律。《唐六典》规定,如果受封者没有子嗣也无寡妻,则他的未嫁女儿们全体可得他那份财产的一半。该法律特别规定,无论他有多少女儿,这一半份额都不能增加(转引自仁井田,1942:526—527)。

因此理解刘克庄的两个反常案例的关键是宋代的绝户法律。所有的证据都表明刘所转述的法律很可能是颁布于南宋后期的这条处置父亲在未分家产中之财产份额的条令。这个条令绝不是给予女儿在分家时和儿子一起得到一份家产的权利,它只适用于父亲死时没有男性子嗣继承他财产的那种情况。它与女儿在分家中的权利绝然无关,相反,它只是宋代宗祧继承法律中的一部分。

刘克庄与《清明集》

如果如我所坚持的,女儿给半的法律并不存在,那为什么《清明集》的编纂者会觉得把刘克庄的两个案例编入集中是合适的呢?他们这样做是否意味着这两个案例没有什么问题呢?

我对这个问题的部分答案是,《清明集》并不是国家颁行的著作,而是私人纂述。1261年序的宋版《清明集》是由署名幔亭曾孙的学者编纂的,而序于1569年、大为增补扩充的明版是张四维编的。(陈智超,1987:650—652)与其他同类私人纂述一样,它的目的是教育兼谈助,忠实于法律并非选编案例的唯一考虑。结果《清明集》中包括了各种与成文法相矛盾的判决。

更为重要的是,在宋版和明版中刘克庄关于招赘女婿的案例被冠以"女婿不应中分妻家财产"的题目。编纂者并未把案例当作所谓女儿给半法律的例子。相反,他们刻意强调招赘女婿财产权的问题,而忽略刘克庄所说的女儿给半。

同样说明问题的是,明版《清明集》根本就没有编入刘的另一个案例,宋版则并未包括女儿给半的有关部分,(陈智超,1987:

649;《清明集》:254)它只包括纠纷的前半部分,并将其冠以"继绝子孙止得财产四分之一"的题目,而恰好在刘发现田县丞还有两个女儿并要应用所谓女儿给半的公式时删掉了余下部分(该判词只在1987年中华书局版的《清明集》中刊有全文,它是根据刘克庄的文集补充完整的。《清明集》:254)。宋版编纂者决定不把全案编入《清明集》有力地说明他也觉得刘所说的女儿给半法律是有问题的。总之,《清明集》编纂者处理刘克庄两个案例的方式对所谓女儿给半法律提出了更大的疑问。

宋代以后女儿的继承权

如果我们同意女儿给半的法律并不存在,或至少是极为反常的,它对法律和社会实践并无实际的影响,那么宋代以后女儿继承权的变化就没有仁井田和伊佩霞让我们相信的那么戏剧化。实际中根本就不存在这种情况,即在宋代法律中女儿有权在分家时得到儿子份额的一半,而在以后的朝代中她们失去了这一权利。事实上,她们从来就不曾有过这样的权利。在宋代,如在元、明和清各代一样,女儿在分家制度中的权利只限于在成长时受抚养和在出嫁时得到一份嫁妆。

当然,这并不意味着女儿的财产权如滋贺所说的没有变化,因为宗祧继承制度经历了重大变化,它对女儿的财产权利产生了意义深远的影响。宋以后女儿因缺席而继承的权利收缩了,与此同时潜在的男性嗣子的权利得到了扩张。这两方面的变化是密切相关的,不了解其中一方就不可能了解另一方。

宋代以后的变化有两类。第一类变化是对唐律的回归。更为重要的第二类是对宋及唐法律的一系列变更。

南宋覆亡后,对立继和命继嗣子及对女儿婚姻状况的法律上的区别也随之而去。从元代开始,任何父系嗣子,无论立于父母的生前还是死后,都有继承家产的充分权利。绝户的女儿也不再享有和命继嗣子一起继承家产的任何法律权利。同时,虽然元律仍旧对已婚、未婚的女儿加以区别,并和宋代法律一样只允许已婚女儿得到三分之一的绝户财产(《沈刻元典章》,1908,19:12b—14a),但这样的区别自明朝开始就消失了。和唐代一样,所有亲生女儿,无论其婚姻状况为何,都有同样的权利获得绝户财产。(《大明会典》,1587,19:20b;《清》:088-02;滋贺,1967:409)

不仅如此,宋以后的法律也不再因父亲没有子嗣而给未嫁女儿们其父亲在未分家产中的份额之一半的财产。这一变化表明了法律向唐律的回归,因为在唐律中,一个未分家庭中的过世兄弟的未嫁女儿们最多只能得到嫁资。

部分地由于上述变化,宋以后的国家降低了对绝户财产的要求。它不再因死后所立嗣子或已婚和归宗女儿的情况而强制取得绝户的一部分财产,也不再对他们所能得到的财产数量设限。在明清时期,只有在绝户既无男性继承人亦无女儿(无论其婚姻状况为何)时,国家才没收其财产。于是女儿对绝户财产的权利与国家的意志越来越不相关,虽然它仍旧取决于父亲的意志。

最后,在清代,男性父系族人对绝户财产的权利得到了恢复。元明法律仍旧排除男性亲属,宣称父亲去世时若无男性子嗣,也无在世女儿,则家产入官。(《沈刻元典章》,1908,19:12a—14b;《大明会典》,1587,19:20b。另参见柳田,1995:266—273)清律虽包括了这条法律,但在1740年对其做了修改,对绝户财产不再强制入官,而由地方官根据具体情况来处理。(《清》:088-02)修改的理由是"人亡户绝,非有罪可比,不宜言入官"(《清会典事例》,1899,9:314)。父系男性族人重新获得对绝户财产的法律权利代表了对唐律的另一个回归,虽然是迟到的回归。

这样,到18世纪中叶,唐律中绝户财产的权利秩序得到了完全的恢复,即首先是命继嗣子,然后是女儿,不论已婚未嫁,最后是男性父系族人。但是这一表面的相似掩盖了一个深刻的变化,即帝制国家对土地私有权的承认。尽管在理论上仍然是"普天之下,莫非王土",但在实践上国家开始承认,并在法律上保护土地私有权。它对绝户财产的要求也因此发生了相应的变化。如我们所看到的,在唐宋时期,国家把绝户财产看作为它所有,然后由它来"给"或"与"什么人。在明清时期,法律则明确地使用继承的字眼,例如在明律中为"亲女承分",在清律中为"亲女承受"。(《大明会典》,1587,19:20b;《清》:088-02)到了18世纪,除了作为对犯罪的惩罚,国家放弃了将绝户财产入官的权利,从而完全放弃了对绝户财产的要求。

另一个相对于唐宋时代的重要变化是强制侄子继嗣成为成文法中的规定。从明初开始,立继成为一种法律(及道义)责任。为了配合这种法律上的要求,明清法律扩大了立嗣所允许的范围。结果女儿因缺席而继承财产的机会就变得越来越小。

如我们所看到的,唐宋法律从未特别要求为无亲生儿子的男子立继。法律允许一个无子男子在生前立继,只要他愿意这样做;也允许他的寡妻和族亲在他死后为他立继,但这并不是法律上的要求。同时,没有任何男性族亲——无论他与死者的关系有多近——有任何法律上的承祧权利。元代继承了这个传统,允许生前或死后立继,但这不是法律上的强制。(《沈刻元典章》,1908,17:19a—24a)

强制侄子继嗣在明初成为全国的法律。洪武二年(1369)明太祖为此颁布了一系列法令。他命令说,如果一个无子男子在生前不立族侄为嗣,则他的寡妻必须在他死后这样做;如果她在生前没有这样做,则该男子的族亲在她死后必须这样做。(《大明会典》,1587,19:20a—21a)

明初还在法律中引进了这样的原则,即族中合格的嗣子拥有承祧的合法权利,通过承祧有权继承死者的财产,而拥有这种权利的人被称作应继之人(意为"应该继承之人")。通常,应继之人是族侄中按照丧服制度与死者关系最近之人。明代的相关法律说:

> 无子者,许令同宗昭穆相当之侄承继。先尽同父周亲,次及大功、小功、缌麻。(《大明会典》,1587,19:20a—20b)

根据这个原则,叔伯侄子有承祧和与之相随的继承财产的优先权,因为他的父亲与死者一起参与分家。第二优先的堂侄是因为他的祖父和死者的父亲一起分家。如此类推。

那么明初国家采用这些新法律的原因是什么呢?其中一个重要的理由无疑与户籍控制有关。在明代,军户世袭的军事制度的存在和继续取决于强制继承。① 同样如此的还有明代的匠户制度。根据结婚男子无嗣的比例在明代接近20%(如我们在导言中所讨论的)的情况,如果对宗祧继承不加以强制,要不了几代,这两个制度就会面临严重的人力短缺。不仅如此,因为军户和匠户都是沉重的负担,人们还总是千方百计地逃避,所以有必要明确规定谁应依法继承。也因为如此,法律强调"应继",并明确规定宗族继承的次序。

更为一般地说,强制侄子继承也是明太祖清除道德污染努力的一个组成部分。在他看来,道德沦丧是元朝统治的恶果,因此他要按照理学的道德理想来重整社会。在这场运动中他最重要的谋臣是宋濂和刘基,两人同属理学的(浙江)金华学派。他们坚持学派的传统,认为复兴朱熹所重新定义的礼和加强立法是规范社会的最佳途径。根据他们的蓝图,礼和法是相辅相成的,礼的重建要以法为重要手段。(兰罗斯[Langlois],1981;达迪斯[Dardess],1983;法默[Farmer],1995)因为礼不应只局限于士大夫阶层,而应下及庶人,所以对礼,特别是丧祭礼仪的强调必然会更加强调父系的延续。

最后,也是最根本的,明初的法律反映了成文法对民间长期形成的期望和传统的吸收。如《清明集》中的继承案例所表明的,不论宋代的成文法律为何,侄子继嗣事实上已成为占主导地位的社会惯行。人们普遍认为无子男子只要有可能就必须立继。同样,

---

① 虽然明代的卫所制度,即自给自足的军屯,在1390年代才成为全国性的制度,但朱元璋在明朝1368年定鼎之前就在南京建立了一个由世袭军户组成的军屯组织。(韦克曼[Wakeman],1985,1:33—35)

人们认为最亲近的侄子有继承的优先权。无论生前还是死后所立嗣子,都有权继承死者的全部而不是部分财产。在这个意义上,明朝的规定代表了成文法和民间惯行的融合。

对女儿来说,强制侄子继嗣的立法意味着她们对绝户财产权利的收缩。明代(然后是清代)的法律明确规定,当一户绝嗣时,族人应为其在同族合格的侄子中立一嗣子。只有当没有合格人选时,女儿才可以继承财产。(《大明会典》,1587,19:20b;《清》:088-02)女儿对绝户财产的权利由此落到她所有族兄弟之后。

新继承法律的运作要求有一个扩大的候选嗣子群。这一点首先是通过把可能的候选人扩大到五服以外来实现的。唐宋法律严格规定法定嗣子必须是"同宗"(五服之内)且辈分相当的男性族人(《唐》:237;《宋》:193)。在明清时期,法律不仅允许五服以外的男性亲戚入嗣,甚至规定只要与继父同姓(其假设是两家在过去是同宗亲戚,不论多么久远)就可以入嗣。(《大明会典》,1587,19:20a—20b;《清》:078-01)

《大清律例》通过增加一个允许兼祧的例子为选择嗣子提供了更大的余地。一个独子因此可以同时继嗣自己的父亲和一个或几个叔伯(《清》:078-05)。在此以前,兼祧虽是民间常见的做法,却受到法律的严格禁止,因为它违反了丧祭的礼仪:一个人不能同时向两对父母尽责尽孝。然而在1775年,面对日益增多的更为反常的继承案例(同辈继承、异姓继承等),国家容忍和开放了兼祧。为了解决礼仪上的问题,国家规定如果一个嗣子同时继承长房和次房,他必须为长房父母服丧三年,为次房服丧一年;如果一个嗣子继承次房两兄弟,他要为生父母服丧三年,为继父母服丧一年。

(《钦定礼部则例》,1845,59:6b—7b)当然,兼祧者对两房的财产都有继承权。

以上这些变化对女儿法定继承权的影响是不言而喻的。立嗣变得越有必要、越容易,女儿因男性缺席而继承的机会就越小。这样,成文法缩减了女儿因缺席而继承的权利,相对宋代法律来说这是最重大的变化,甚至相对唐代法律来说都是如此。

问题是,法律上权利的收缩是否反映了现实中的同样情况。看来并非如此,因为上面所讨论的变化是成文法律吸收长期存在的各种民间惯行的结果。即使在宋代,在民间惯行中,侄子对绝户财产的权利也优先于女儿的权利,尽管法律对命继嗣子的权利有限制。同样,即使不在法律中,至少在民间惯行中,人们都清楚地知道,亲侄子有继承宗祧和财产的优先权。而人们在挑选嗣子时也从不将其限定在唐宋法律所规定的亲族范围之内。因此,与其说女儿权利在法律上的收缩反映了现实中的收缩,不如说这反映了法律和社会实践之间距离的缩小。

从宋到清女儿财产继承权利的主要变化不是发生在分家的领域,而是发生在承祧的领域。如本章所争论的,分家时女儿给半的法律可能纯属子虚,即使有这样的法律,它也是一种反常。不仅如滋贺所争论的,它对中国长期的历史来说是一种反常,就是对南宋本身来说,它也是一种反常。

真正例外的是宋代国家对绝户财产控制的程度。宋代国家针对绝户财产的处置颁布了比任何其他朝代都更明确的规定,其之所以如此,更多地要归因于它对自己财政收入的关心,而不是它对宗祧和财产继承或嫁奁的关切。宋代法律对女儿的财产继承权有双重影响,在某些情况下它扩大了女儿的继承权,在另一些情况下,它限制了她们的权利。

宋以后,国家通过承认土地私有权和把强制侄子继嗣纳入成文法律而缩小了国家法律和民间实践的距离,结果女儿因缺席而继承的权利比以前更为有限。现在,她是否有资格继承任何财产不仅取决于她兄弟的缺席,而且还取决于她父亲族侄的缺席。

第二章
宋代至清代寡妇的继承权

除了作为女儿,妇女与财产发生关系最为经常的情况是作为寡妇。宋代以后寡妇的财产权利发生了非常复杂的历史变化。第一个重大变化是伴随明初实行强制侄子继嗣而来的。第二个变化则是在强制侄子继嗣的法律框架内由贞节寡妇的理念推动的,这一变化在清中叶的立法中得以完成,这一立法允许寡妇拒绝她不喜欢的人继嗣。

要了解在承祧范围内的这种动态变化,最好的办法是参照滋贺秀三的工作,因为他的学术研究几乎主导了对帝制中国后期家族法律的研究。① 他对寡妇财产权利分析的核心是他的夫妻一体的概念,他把这一概念定义为在丈夫的一生中,其妻子的人格融合

---

① 我们应该记住"承祧"这个术语涉及的是支配那些没有亲生儿子的家庭的继承原则和惯行。

到丈夫的人格之中,如果丈夫过世,则他的人格由他的妻子来代表。(滋贺,1978:119—120)根据这一概念的逻辑,一个无子寡妻对其丈夫财产的权利只具监护性质,即代表其亡夫来维持其财产的完整,以传承给她必须过继的未来的嗣子。根据同样的理由,作为其丈夫的代表,她具有最大的权力为其亡夫选择嗣子。滋贺认为这些是从宋代至清代的法律和社会惯行中不容触犯的原则。

我对滋贺的这幅静态的画面有三点不同的意见。首先,对现有资料的仔细分析表明,在宋代寡妇有继承其丈夫财产的全部权利,而没有任何法律强制要求她保留这财产给未来的嗣子,直到明初她才降格为一个财产监护人。滋贺忽略的是伴随强制侄子继嗣而来的她的权利的收缩。

其次,寡妇选择嗣子的权利也并非长期以来一成不变的。宋代在这方面给予寡妇极大的自由,但明初以来的法律不仅强迫她选择嗣子,而且规定了过继的人选。滋贺夫妻一体的观点使得他夸大了寡妇在明清时期的选择权,将其和宋代寡妇的权利等量齐观。① 这里他忽略的是寡妇权利在严格限定的强制侄子继嗣的法律框架内的收缩。②

最后,滋贺着眼的是关于寡妇财产权利的法律原则,而忽略了

---

① 虽然夫马(夫馬,1993)对滋贺的寡妇在继承问题上拥有至上权利的观点进行了挑战,但他并未提出替代的论点来帮助我们理解寡妇权利的性质和历史的变化。
② 霍姆格林([Holmgren],1986)、夫马([夫馬],1993)、柏清韵([Birge],1995)和苏成捷([Sommer],1996)等学者都强调寡妇贞节崇拜限制了妇女的财产权利。虽然这是无可否认的一个重要方面,但对同一事物的另一方面人们注意到却实在太少,即对寡妇贞节的崇拜也强化了妇女的权利。关于寡妇贞节问题的其他重要研究,参见埃尔文(Elvin),1984;曼(Mann),1987;田汝康(T'ien),1988 和科利兹(Carlitz),1997。

实际生活中的司法实践。对法庭案件的仔细分析表明滋贺还忽略了另一个变化的力量:与明初强制侄子继嗣法的推行相伴随的对寡妇贞节崇拜的升级。出人意料的是,这种崇拜强化了寡妇的权利,因为法官在奖励她们的贞节时扩大了她们的监护权。

显然,滋贺的研究注重的是延续,而我要争论的是寡妇权利在历史上的重大变化。这种权利在明初由于强制侄子继嗣法的推行而急剧收缩,随后却因贞节崇拜的升级而得到扩张,清代的立法更赋予寡妇拒绝她所厌恶的人继嗣的权利。

寡妇与承祧诉讼

虽然在帝制中国,财产的世代转移更为常见的方式是分家,这发生在大约80%的家庭,但是事实上承祧引起的诉讼远远超过分家诉讼,在本书所研究的案例中,它占了79%(430件中的340件)。① 如表2所示,其中最大量的案件,即204件牵涉到寡妇。这事实上是继承诉讼中的最大类。要解释这一现象,我们必须先回答两个问题:为什么承祧诉讼比分家诉讼更为常见?为什么承祧诉讼中寡妇最频繁地成为争执焦点?

---

① 如导言里所讨论的,这里的80%依据的是明清时期大约20%无嗣家庭的比例。

表2 宋代至清代的承祧和分家诉讼

诉讼当事人	承祧案	分家案	总数
丈夫	18	—	18
寡妇	204	39	243
族亲	118	51	169
总计	340	90	430

资料来源:宝坻县档案;巴县档案;程繇,无出版年代;戴兆佳,1721;淡新档案;董沛,1881,1883,1884;樊增祥,1897,1910;高庭瑶,1862;桂丹盟,1863;胡学醇,1851;黄文肃,无出版年代;蒯德模,1874;李佳,1904;李钧,1833;李渔,1667;李之芳,1654;刘克庄,无出版年代;刘如玉,1860;卢崇兴,1739;卢见曾,1725;陆维祺1893;逯^,1746;潘杓灿,1688;盘峤野人,1835;《清明集》;曲阜师范学院历史系编,1980;沈衍庆,1862;四川省档案馆,1991;孙鼎烈,1904;《太湖理民府文件》,1990;吴光耀,1903;吴宏,1721;徐士林,1906;张肯堂,1634;张五纬,1812;钟体志,1890。

我们无须在第一个问题上多费笔墨。正如黄宗智所揭示的,分家是受到充分确立并且清晰界定的社区规范和程序支配的,这种情况把分家诉讼减少到最低限度。一旦决定分家,邻里或族人中受人尊敬的几个人就被找来做中人,监督分家以确保分家的公正。在留出父母的养老费和未嫁女儿的嫁妆后,余下的财产就会被分为价值相等的若干份,它们通常是通过拈阄分给儿子们的。之后人们会拟出一份十分详尽的分家单让所有的当事人包括中人签名。由于对细节和兄弟之间公平的重视,这一过程很少会给未来的争执留下余地。如果有争执发生,人们首先会找到中人来调解,而中人大多能解决争执。分家的争执因此大多能在社区范围内得到解决,而很少演变为地方衙门的诉讼案件。(黄宗智[P.

Huang],1991,1996:25—28,60—61)

有几个理由可以解释为何在承祧问题上,冲突的可能性要大为增加。首先,与分家的基本准则是公平不同,承祧在本质上是不公平的,即家族中的某一房在牺牲他房的情况下得益。这种利益是双重的,一方面嗣子可以得到其继父的全部财产,另一方面他放弃了对生父家财产的继承权,而他的兄弟因此可以分到更大份额的财产。在这场零和游戏中,家族中一房之得是其他各房之失。因此毫不奇怪,嗣子的选择带来了家族内的反目成仇。

其次,分家通常只是一个家庭的内部事务,承祧则把更大范围的父系亲族牵扯进来。家族中可以提供嗣子的每一房都与承祧利益相关,而牵扯的亲族越多,冲突的可能性就越大。因承祧而起的争执发展到极端,会上演成到官府公堂上争夺宗祧,不同的候选嗣子周围会形成不同的派系,候选嗣子各自以许诺回报来收买支持,争吵甚至有可能升级为针对财产和人身的暴力行为。(李钧,1833,1:10a—11b;曲阜师范学院历史系编,1980,3.1:428—437,441)

再次,承祧不仅关系到财产的分配,还制造出新的亲子关系。过继的嗣子将成为继父母事实上的儿子,如果继父母健在,他将与他们同住在一个屋檐之下,并在他们年迈时提供赡养。根据礼法,嗣子应与继父相差一代,因此可继之人并非总是可爱的小男孩,招人喜爱并易于建立亲情。对那些年龄老迈而择嗣过继的家庭来说,可继之人更可能是已经成婚并有家小的,有些甚至上了年纪。比如山东博平县的刘芸,当80多岁的刘张氏在犹豫中勉强选择他入继为嗣时,他已70多岁。(胡学醇,1851,下:41a—43a)对继父母来说,没有人能保证他们会和成年的嗣子建立起真正的亲情。因此可以理解,继父母会花很多时间来仔细考察候选嗣子的人品,希望找到一个关心他们的利益而不是他们的财产的人。这种对双方间亲情的需要使得选择嗣子成为特别有争议的问题。

与兄弟间由均分家产的平等原则支配分家不同,上述情况使得承祧不可能由单一原则来指导。问题的关键是如何在继父母的需要和愿望与亲族的要求之间求得平衡。承祧的特殊性质使得这一过程变得非常不确定,并因此而容易发生冲突,法律本身也无法避开这种不确定性。如我们将要看到的,有关法律本身就包含着相互矛盾的原则,并让精明老练的诉讼人可以利用其为自己谋利。当18世纪的官员张甄陶抱怨说"法立弊生"时,他的话当与事实相差不远。(张甄陶,无出版年代,59:8a)

最后,承祧争执很容易超出社区调解的能力限度。从国家的观点来看,族人之间的冲突最好由宗族本身来调解。但是现在宗族本身成了争执中的一个主角,而且承祧的冲突并不总是局限在一个村庄、市镇或城市,它也把居住在他乡的族人牵扯进来。在这种情况下,单个社区的调解机制就难以控制冲突,争执各方就会把他们的冲突上告到知县衙门。作为一个更高的权威,知县站在所有当事人之上。

在承祧过程中,冲突最大的根源来自寡妇选择嗣子。在我的340个承祧案例中,35%是夫妇双亡后族人间的争执,5%是丈夫和族人间为选择嗣子而发生的争执。但大多数案例,即60%是寡妇和夫家族亲的争执(参见表2)。

特别有意思的是寡妇作为诉讼当事人的案例比丈夫要多12

倍。一个无子丈夫的死亡立刻就会引发严重的继承危机,必须尽快找到一个嗣子,以便让其在葬礼上充任主悼,并负责祖先祭祀。由于宗祧继承同时意味着财产继承,可能的候选人和他们的家庭对死者的财产完整会异乎寻常地关切。他们担心如果其寡妻控制这财产的时间太长,她的消费就会超出其日常生活的需要。更为可怕的是她可能趁此机会典卖田宅,将财产脱手为更易隐藏的现钱,或将财产赠与自己的亲友。因此寡妇在丈夫死后面临巨大的压力,需要尽快去过继嗣子。如果立继过程中碰到麻烦,下葬经常会拖上数月。关于继承纠纷的记载经常可以看到这样的字眼,如"闹丧争继""阻殓强继""停丧阻葬"(张五纬,1812,示谕:20a—21b;曲阜师范学院历史系编,1980,3.1:428—436)。

若妻子死于丈夫之前,则在礼教上和经济上情况都不会这么严重,因为丈夫毕竟还有希望通过纳妾或续弦来得子,而且他也不会因葬妻的丧礼问题而有立继的迫切需要。在她的殡仪上会有一个侄子被指定作为她的名义上的主悼,但是这并不意味着他会自动成为父系嗣子。而且对她亡魂的祭祀要等她的丈夫死后才开始,因为这时他们的牌位才会共同供奉在宗祠内。至于夫妇的财产,妻子的逝世对丈夫的财产权利不会有任何影响。总之,一个丈夫在丧妻时决不会遇到与寡妻丧夫时相同的立继压力。

此外,一个寡妻要比她的丈夫更容易受到其夫父系族亲的挑衅。如果说兄弟和堂兄弟们对相互间对簿公堂还会有所顾忌的话,他们对丧夫的寡嫂或寡弟媳就不会有这样的顾忌。在204件与寡妇有关的继承案件中,有15%的案例是族亲控告寡妇,力图推翻其丈夫在生前所立的嗣子。他们不敢对他的选择直接提出异议,就与他赌时间,等他死后对他孤弱的寡妻发难。在余下的85%的案例中,寡妇则受到其亡夫族亲针对她选择的嗣子所做的攻击。无论法律对寡妇在宗祧继承中的权力有什么规定,我们都不应该如滋贺所倾向于做的那样,把它同寡妇在实践中的权力混为一谈。统计数字明白无误地告诉我们,寡妻而不是丈夫的选择定会引起争议。

寡妻在宋代

在转过来讨论历史变化的时候,我们仍以宋代为出发点。让我们先来看无子孀妇对其亡夫财产的权利,然后再来看她立继的权力。

继承权利

宋律承袭唐律,在分家律条中规定了寡妇对其丈夫财产的权利。其律云:

> 诸应分田宅者,及财物,兄弟均分……兄弟亡者,子承父分……寡妻妾无男者,承夫分……谓在夫家守志者,若改适,其见在部曲、奴婢、田宅不得费用,皆应分人均分。(仁井田编,1933:245—246;《宋》:197)

因此如果一个死者有儿子,则他们在分家时是子承父分;如果他没有儿子,则其寡妻将得到他的份额,但她只有守节才能保有这份财产。

那么在宋代法律下,无子孀妇所得到的其亡夫的财产是什么性质的呢?滋贺坚持其观点,认为只有男子的父系子嗣才能继承其父亲的财产,争辩说寡妇的继承与儿子的继承是性质不同的两回事。虽然寡妇能成为亡夫财产的合法所有者,享有其利益并有责任为财产纳税,但她的所有权不是绝对的。法律和习俗都限定了她处分财产的权利,以确保这财产贻诸其夫将来的嗣子。

《清明集》中的证据似乎支持滋贺的观点。1240年代的两个案例都引用了禁止寡妇处分其夫财产的特别条令。第一个案例提到对无子孙,或有子孙但其子孙未成年的寡妇的规定:

> 在法:寡妇无子孙年十六以下,并不许典卖田宅。(《清明集》:141)

第二个案例提到的是对无子孙寡妇的规定:

> 又法:诸寡妇无子孙,擅典卖田宅者杖一百,业还主,钱主、牙保知情与同罪。(《清明集》:304—305)

在《清明集》的其他案例中,法官虽然没有直接引用这一规定,但都禁止无子孙寡妇或只有未成年子孙的寡妇典卖亡夫的财产。

(《清明集》:143—146,164—165,234—237,592—593)①

根据这些案例,我们会很容易像滋贺一样认为同样的理由说明了这两种不同的情况,正如有未成年子嗣的寡妇必须为未成年儿子保管财产以俟其长成一样,无子寡妇也必须为亡夫保管财产,以俟其未来的嗣子。这一观点也为其他一些学者所认同(柏清韵[Birge],1992;伊佩霞[Ebrey],1993)。

但是我们如果把关于有未成年儿子的寡妇的证据和关于无子孙寡妇的证据分别开来的话,就会明白地看到这两种禁令所根据的原则是根本不同的。禁止寡妇在儿子未成年时处分财产的法律起源于监护的概念,禁止无子寡妇处分财产原则的起源则与此完全不同,它与承祧毫不相干。

寡妇作为监护人的身份显然是禁止有未成年儿子之寡妇处分财产的理由。一个官员用"三从"来解释它:"盖夫死从子之义,妇人无承分田产,此岂可以私自典卖乎?"(《清明集》:141)另一官员在判决一个案子时对寡妇保管财产之监护性质做了最好的说明,他将有争议的财产判归寡妇保管,直至其子成年;同时,判决她不能将财产典卖分毫。(《清明集》:237)这一规定的目的是保护儿子的财产,以防其被寡妇挥霍掉。

这一规定也是为了保护寡妇和她的孩子免受贪婪的亲戚和无

---

① 对于有成年儿子的寡妇,宋代法律规定没有母亲的允许儿子不能处分财产。财产交易的正当程序是以母亲的名义立买卖合同,儿子则在合同后面附上他们的签名或印章。(《清明集》:301)如果儿子背着寡母处分财产,则她可以要求法庭宣布交易无效(参见《清明集》:301—302,596—599)。同样,没有成年儿子的同意,寡妇也不能单独处分财产。在这一方面宋律规定,如果尊长盗卖卑幼的田宅,则财产归还卑幼,钱文归还买主。(《清明集》:599)

耻的土地兼并者之害,这些人罔顾孤儿寡母的利益,可能会剥夺掉他们仅有的财产。正如一个官员所说:

> 死者之肉未寒,为兄弟、为女婿、为亲戚者,其于丧葬之事,一不暇问,但知欺陵孤寡,或偷搬其财物,或收藏其契书,或盗卖其田地,或强割其禾稻,……为利忘义,全无人心,此风最为薄恶。(《清明集》:236)

同样卑劣的是亲戚强迫寡妇典卖财产给他们(《清明集》:234—235),还有地方豪民兼并土地不问别人死活,损人肥己(《清明集》:301,317—318)。这一禁令因此也意在确保在这种胁迫之下发生的财产转移可以取消。

滋贺将禁止寡妇在儿子未成年时典卖财产的监护原则用来解释对无子寡妇的禁令。这一解释的问题在于,首先,它与前一章中的证据相冲突,即承祧不是宋代关心的重点。宋律没有强制继嗣的立法,一个寡妇在法律上没有为亡夫立继的责任,而他的亲戚在她死后也没有法律上的这种责任。不仅如此,而且对于绝户的财产,国家为自己攫取的份额要比死者身后所立之嗣子得到的份额更大。因为没有在寡妇生前或死后立继的必要,也因为国家本身要求得到更大份额的财产,所以说禁止寡妇典卖财产的法律是为了确保寡妇为未来的嗣子保管财产就显得十分牵强。

其次,其他的证据强烈地表明为嗣子保管财产绝对不是该禁令颁布的理由。例如,《清明集》里有两个案例涉及无子寡妇处分财产的权利,虽然各自的判官都运用了这项禁令,但他们都不是为了强调承祧而这样做的。第一个案例发生在1240年代的福建建阳县。在该案中,无子寡妇丘阿刘状告其亡夫的堂兄弟,说他夺取并出卖了她丈夫的田亩。法官判决这桩交易无效,并命令该堂兄弟把钱还给买主,买主把田亩还给寡妇。他同时禁止丘阿刘"非理"典卖土地,但在判决中并未提及立继。(《清明集》:144—146)

在第二个案例中,福建建安县翁泰死后,胡五姐出来声称她是翁的妻子,要求将翁的财产给她。法官因某些理由对她的说法有怀疑,要求她提供婚姻的证据。如果她拿不出证据,则翁的财产将根据法律被宣布为绝户财产而收归官府;如果她能够提出足够的证据,那么翁的财产将归她保管,但她只能靠财产的收益为生,而不得将其典卖,为了确保她不会这样做,地契将由县衙门妥为保管。(《清明集》:143—144)因没有进一步的记录,这个案例的结局不得而知,但在仅存的材料中没有丝毫提及为将来的嗣子保管财产。相反,该案例给人的主导印象是县衙门最为关心的是最终如何将这财产收归官府。

宋朝官府的这种优先考虑也可以从它对"召接脚夫"的政策中看出来。这是一种婚姻习俗,一个寡妇再嫁时,她的后夫搬来她家与她同住,而不是她搬到其后夫家去。在北宋初年,法律规定如果无子寡妇的亡夫已经与兄弟分了家,独立门户,那么寡妇召了接脚夫后,其前夫的田宅将仍旧登记在以她为户主的名下。在她死后,她的户将被宣布为绝户。法令特别禁止将她的财产转移到其后夫名下,因为这样一来,国家就无法通过绝户政策来染指这财产。这法令的目的并不是确保财产归于她前夫的某个将来的嗣子,而是确保它归于官府。(《宋会要辑稿》,1964:5902)

这一政策在南宋时依然有效。迟至1220年代,户部还发布规定,为保证官府在遗赠和绝户财产中的份额,召接脚夫的寡妇只能保留5000贯前夫留下的财产,超出部分将被收归官府。该法令还规定,如果寡妇决定搬出与其后夫同住或她死亡,她的原户和财产将被视为绝户。(《清明集》:273)在这个规定中,同样没有提到寡妇应为未来的嗣子保持财产的完整。

最后,法律赋予无子寡妇与无子鳏夫一样的权利,使他们可以通过立嘱将财产遗赠别人。相关的规定明确地说:"诸财产无承分人,愿遗嘱与内外缌麻以上亲者,听自陈,官给公凭。"(《清明集》:141—142,304—305)根据这条法令的文字,如果一个寡妇愿意,她可以为她的丈夫把财产留给一个嗣子,但也可以把财产留给她的几个亲戚,当然这种处分要受到宋代国家对遗赠所做的限定。①

显然,国家把对自己财政的关切放在承祧之上。对无子寡妇处分财产的禁令至少部分是为了保证它自己的财政收入而保护这一财产,而不是为了某个将来的嗣子。

这一禁令也从另一个方面为国家利益服务。如我们所看到的,宋代国家在户籍登记中把以无男性子嗣(无论亲生或过继)的寡妇为户主的户归为单独的一类:女户。和官户、单丁、寺观、老疾户一样,女户因其特殊情况可以享受徭役豁免或田税豁免。除了1069年到1085年间王安石变法的短暂例外,女户的徭役完全被豁免,其田税也享受部分减免。(《宋会要辑稿》,1964:6218;柳田,

---

① 注意:在宋代,国家自利性的剥夺绝户政策和它允许无子寡妇通过遗嘱来遗赠财产给别人之间并不矛盾。如同对一个无子男性,绝户法律只有当他没有对死后财产处分做出正式安排时才有效。

1993）

女户是国家对逃避赋税徭役的关切重点（柳田，1993）。寡妇出地的买主可能规避国家法令，不在当地官府登记买入的土地，以继续享受免税的待遇。他也可能贿赂衙门胥吏，与他们协同作弊，只缴田税而享受寡妇的徭役减免的优待。13世纪的立法可能也试图通过禁止寡妇处分她们的财产，对这类弊端防患于未然。

最后，无子寡妇比有未成年儿子的寡妇更为脆弱，因为她没有人可以赖以为生。如果她处分了她丈夫的财产，无论出于自愿或受到胁迫，她都会面临一个黯淡的前景和不确定的晚年。因此，颁布该禁令也是为了保留作为寡妇衣食来源的财产。

还必须指出的是，《清明集》中1240年代的案例是这种禁令的唯一证据。没有丝毫证据显示无子寡妇在宋代早期受到同样的限制。因此与滋贺的假设相反，在宋代，无子寡妇拥有的并不仅仅是对其亡夫财产的监护权。在宋代的大多数时间内，她与任何一个财产所有者一样，对财产拥有不受法令约束的自由处分的权利。当13世纪的禁令颁布时，它关心的更多的是国家的财政政策和对孤弱人口的照顾，而不是对所谓宗祧继承的强调。在宋代法律之下，无子寡妇有权继承其丈夫的财产。监护逻辑并不存在，也不可能存在，因为这一逻辑是建立在强制侄子继嗣上的，而这在宋代还不曾出现。

立继

不仅在财产继承上，宋代寡妇在立继上也享有比明清寡妇大得多的权力。这种权力是宋代政府在承祧问题上所持立场的直接结果。如前章所述,宋律和唐律一样并不要求为无亲生子嗣的男子立继。影响这种法律的是上古时代的古典宗法世系理念,这种理念不要求为以五世为限的小宗立继,这五世为限的模式也适用于丧礼和祖先祭祀。

宋律用"听""从"等术语讨论无亲生子嗣者的立继。《宋刑统》:"无子者听养同宗于昭穆相当者。"(《宋》:193)1160年代中期的一条敕令对此做了进一步说明:

> 诸无子孙,听养同宗昭穆相当者为子孙……其欲继绝,而得绝家近亲尊长命继者,听之。……夫亡妻在,从其妻。(《清明集》:220,247)

因此在宋律中,立继不是一项法律责任,而是一种法律权利。

这种权利也被授予了寡妇,"夫亡妻在,从其妻"是审理有寡妇涉案的承祧纠纷的原则。正如《清明集》中许多案例所表明的,法官确实是根据寡妻的意愿来断案的。虽然他们经常表示寡妇立继是一种道德责任,但他们并不将其看作一项法律责任。他们把立继的决定权完全交给寡妇自己。事实上,在《清明集》里20个涉及寡妇的案例中,没有一个法官勉强寡妇为丈夫立继。

不仅如此,如果一个寡妇有意立继,选择同宗侄子中的谁来过继也由她个人来决定,她丈夫的族亲不得干涉。蔡杭(1229年进士)于1240年代末1250年代初在江南东路任提点刑狱时就一个案例对此做了明确的判决。寡妇李氏选择了一个嗣子,众尊长却欲

立另一人为嗣。蔡杭对两人的资格根本没做考虑,他的判决根据的完全是丈夫死后寡妇作为家长的权力:

> 立继之法,必由所由。李氏既是家长,则立继必由李氏……则明孙之立,乃出于群党之私计,而非出于李氏之本意明矣。(《清明集》:244)

换句话说,立继的合法性完全取决于立继之人有无立继的权力。

寡妇在立继范围内的权力不仅高于族中尊长,而且凌驾于政府官员之上。胡颖1240年代初在湖南提刑兼提举常平任内判决一个案件时对此做了明白的表述。郑文宝无子,养异姓元振为嗣。郑死后,其兄郑逢吉欲以自己二子之一取代元振,提起诉讼。胡颖提醒原告法律允许立异姓为嗣,只要立继时嗣子不满3岁,如该案情形。胡颖说文宝寡妻可以同意取逢吉一子与元振并立,但这完全取决于她:

> 使逢吉,……恶族类之非我,恐鬼神之不歆,则但当以理训喻弟妇,俾于本宗择一昭穆相当者,与元振并立。……若其不听,在法,夫亡妻在者,从其妻,尊长与官司亦无抑勒之理。(《清明集》:245—246)

在另一个案例中,主审法官虽然极不赞成寡妇为其死去的儿子所选的嗣子,但还是带着明显的遗憾写道:"官司亦只得听从其说。"(《清明集》:271—272)

最后,寡妇在立继上的权力意味着,男性族亲无论与亡夫多么亲近,在立继上都没有任何法律上的权利。胡颖为维护寡妇立继的绝对权力而否决文宝亲兄亲侄的诉讼,这样的做法绝非孤立的个案。例如在1215年江西宁都的一个案例中,法官否绝了谢文学对其嫂的诉讼,判决其嫂有权选择远房侄子而不是他的儿子为嗣。(黄文肃,无出版年代:605—606)同样地,在1250年代湖北通城县的一桩继承纠纷中,法官判定寡妇可以将她过继的一个幼年异姓男孩作为其夫的嗣子,而不考虑其亡夫三个兄弟的十一个儿子。(《清明集》:217—223)

在宋代,对寡妇这一权力的唯一限制是父母为其子立继的更大的权力。宋代法律并未明确规定寡媳和公婆之间各自相对的权利,或许是因为宋立法者认为像在其他事务上一样,媳妇会服从公婆的愿望。①《清明集》中的官员就持这样的看法,自然地将立继的权力归于公婆而不是寡媳。

比如张寡妇和她的三个儿子还未分家,大儿子死了,留下无子的寡媳,张寡妇夫家的一个侄孙出来说要将自己过继给她的大儿子,一场诉讼由此而起。审理该案的官员否决了该侄孙的要求,判定是否过继或过继谁为孙子是张寡妇的权利。虽然该官员知道她

---

① 宋律仅仅明确只有夫妻双亡而无子嗣,为丈夫选择嗣子的法律权利才归于他的近亲尊长。(《清明集》:220,247)在滋贺的夫妻一体理论中,立继的权利首先和主要归于作为丈夫代表的妻子。结果丈夫的父母和祖父母就被归入近亲尊长的范畴,妻子的权利自然凌驾于他们之上。(滋贺,1967:330—335,367)然而宋律的措辞和内在逻辑都与之相悖,"近亲尊长"只有权利为绝户命继。既然只要死者的妻子或父母、祖父母作为课户还在,该户就不是绝户,那么父母和祖父母按国家法律的定义就不属于"近亲尊长"。滋贺在他的分析中只考虑到绝户的一个涵义,即父系宗祧的断绝,而忽略了其作为纳税单位的终止这一涵义。

有寡媳,但他并不认为有必要考虑这寡媳的愿望。(《清明集》:211—212)在其他相似的案例中,若寡妻和公婆都健在,官员们同样认定应由长辈来做所有的决定。(《清明集》:214—215,247,269—270,271—272)

当然,我们不能因为公婆的权力在寡媳之上就忽视宋律中寡妇在立继上的绝大权力。在其非强制的继承法中,寡妇甚至没有为丈夫立继的法律责任,更没有责任过继他的亲侄。宋代法律在宗祧继承上的这种立场才给了寡妇在立继上如此大的自由。

明清时代的寡妇

明初强制侄子继嗣法律的确立改变了寡妇在宗祧继承中的法定权利。这一在1369年发布的关键性的法律说:

> 妇人夫亡无子守志者,合承夫分,须凭族长择昭穆相当之人继嗣。(《大明会典》,1587,19:20b)

这一新律明确地把寡妇接管其丈夫的财产与立继联结在一起。通过这样的做法,它扩张了监护原则,在宋代这种监护权仅限于有未成年子嗣的寡妇,现在则扩展到无子寡妇。寡妇不再有权继承其丈夫的财产,而只能为丈夫的嗣子接手和监管这财产,她现在在法律上有义务为丈夫立继。

这一法律也为合法立继建立了一种新的标准。在宋代,寡妇不必为了满足法律的要求而与其丈夫的族亲(她的公婆除外)讨论择继。但现在她不仅必须与夫家族长讨论立继,还必须让继嗣人选得到他的同意。①

这个变化也反映在明清的法律话语中。人们在"议立、议继"与"私立、私继"之间做了明确的区分。"议"表示经过讨论而达到的共识,在这里指的是寡妇与族长协商并得到他的同意,最好也得到她丈夫最亲近的族亲的同意。而"私"表示自私自利,在这里则指寡妇故意无视其丈夫的族亲,并在没有与族长协商讨论的情况下自己立继。(宝坻县档案:182-1866.2,183-1894.1;徐士林,1906,3:65a,67a;四川省档案馆,1991:185—187)

从国家的立场来看,族长是监督"议继"的最理想人选。因为他可能是在立继中最少获得物质利益的,所以可以指望他以礼制规范而不是物质利益为重,以宗族整体利益而不是个别宗支的私利为重。而且作为宗族的公认领袖,他应该拥有解决争执所必需的宗族的尊敬,能为立继建立共识,并把将来可能的冲突和诉讼减少到最低限度。族长在立继中如此重要,以致明清时代的官员在解决上告到法庭的继承纠纷时总是寻求他们的协助。

对寡妇在强制继嗣法律框架内的立继权力更严重的限制,是亡夫最亲近的侄子在法律上有优先继嗣权的原则,他可以通过这

---

① 西方学术界通常把这句话误释为寡妇要靠族长来为自己择继,这样的解释把族长当成了择继时唯一的权威(比如贾米森[Jamieson],1921:14;霍姆格伦[Holmgren],1995:11;法默[Farmer],1995:93)。但是如1910年代和1920年代中国的最高法院大理院所解释的,"凭"在此是"凭证"的缩编,意为"作为证人"。(《大理院判决例全书》,1933:266,272)事实上,寡妇在立继时应得到族长的同意并不意味着她必须把全部权力放弃给族长。

种权利进而继承死者的财产。对"应继"的这种规定首先出现在1369年的另一条立法中：

> 无子者，许令同宗昭穆相当之侄承继。先尽同父周亲，次及大功、小功、缌麻，如俱无，方许择立远房及同姓为嗣。(《大明会典》,1587,19:20a—20b)

根据这条法律,寡妇别无选择而只能过继规定的嗣子。对这条法律的一个重大修改发生在1500年,一条新的立继原则进入了法律,它为宗族继承次序提供了一个变通办法：

> 若继子不得于所后之亲,听其告官别立,其或择立贤能及所亲爱者。若于昭穆伦序不失,不许宗族指以次序告争,并官司受理。(《大明会典》,1587,19:21a)

择立贤能或亲爱者的做法在法律讨论中被称为"爱继",而这样选出的嗣子被称为"爱继之人"。

这一条新法律可以称为"废继例",它显然置应继于爱继之上,因为它假定所有已立嗣子都是按照宗族次序选出来的。因此嗣子首先是按同宗亲近关系选出来的,只有当这一做法不成功时,继父母才可能选择喜欢的嗣子。这样看来,应继是一般规则,爱继则是应继者与继父母之间不能达成和谐时的例外。任何人若将这一顺序颠倒过来,没有先试图寻找应继之人就立了爱继之人,就犯了"越继"之罪。(《新刻法笔天油》,无出版年代,下:50a;多贺,1960:

751,822;曲阜师范学院历史系编,1980,3.1:431—432)

1500年的废继例是明代最后的关于继承的主要法律。清代把以上讨论的所有明代法律囊括在它的《大清律例》中,直至乾隆末都没有在继承法中添加任何新的东西。接下来我们将要讨论清代的继承法。

宗祧继承和贞节崇拜

由于明初强制继嗣法律的颁行,寡妇有法律上的责任在生前为亡夫立继。不仅如此,她还有择立"应继之人"的法律责任。由于这种变化,寡妇在宗祧继承上就算还有什么权利,也微不足道了。

然而这一对寡妇权利的严格限制却被一个新的不断强化的寡妇贞节崇拜倾向无意中抵消了,官员们事实上常常越过法律来奖励守贞的寡妇。在我的43件明末清初的寡妇案例中,没有一件案例的主审官员的判决是反对寡妇之选择的,即使她绕过近亲侄子而选择远房侄子。也就是说,没有一个官员否决寡妇的爱继而强迫她选择应继(除非她的所选昭穆不当)。

一个官员在考虑"应继之人"的权利时最多是让他和寡妇所择的爱继同时为嗣,称之为"并继"或"并立"。这正是明末宁波知府李清在审判一桩继承纠纷时的做法。寡妇张胡氏欲立堂侄为嗣,她亡夫张世禄的亲侄依法为应继之人,因此他以同宗次序为由反对张胡氏的主张。李知府判决两个侄子同时为嗣,并均分财产。(李清,无出版年代,2:107;参见李渔,1667,13:17a—18a)

有时候,一个官员会将死者的一小部分财产判给应继之人,作为象征性的补偿,一如以下这个明末浙江嘉善县的案例。诉讼是因老年寡妇钱氏决定立远房侄子钱丰而非其夫亲侄钱皜为嗣而起的。知县李陈玉解释说因钱皜是应继而钱丰为爱继,钱皜确实有继承的优先权。然而李知县认为钱寡妇的情况值得特别照顾:她自丈夫死后守寡近五十年,备尝艰辛,况且年过七十,来日无多。他因此判定同意钱寡妇的选择,但命钱氏从亡夫财产中拿出 30 两银子给失望的钱皜。(李陈玉,1636,谳语 3:103)

上述案例中的官员们当然知道让爱继凌驾于应继之上有违法律的本意。为了替自己执法上的偏颇辩护,他们对废继例做了创造性的解释。以下这段出自 18 世纪早期一个知府的解释颇具代表性:

> 夫继人后匪止为死者奉蒸尝,亦当为生者供寝膳。其母不愿,即或强立,何以相安?律称继子不得于所后之亲,听其另择。是已继不合尚当别立,况未继乎?(徐士林,1906,3:65b;参见盘峤野人,1835,6:10a—11b;曲阜师范学院历史系编,1980,3.1:428—437)

这样,法官们把爱继提升到了以宗族次序为根据的应继的同等地位。对他们来说,爱继与应继应该是一开始就同样有效的。

法官这样做的部分原因无疑是他们对任何提起继承诉讼的人都倾向于持深刻的怀疑。财产继承和宗祧继承之间的明显关系模糊了利义之辨,这种模糊让官员们不安。无论起诉人如何用礼教的言辞来包装自己的诉求,法官都无法不怀疑他们的真正意图是染指死者的财产。一个知县这样写道:"今之所谓承宗,大半为争产计耳。"(李渔,1667,20:35)另一位则抱怨说:"乡愚之争继者,争产也。财产重则恩谊轻。"(胡学醇,1851,下:41a)还有一个官员以这样尖锐的言辞训斥一个诉讼人:"家产为轻,伦理为重,此等饰词其将谁欺?"(张五纬,1812,批词:81a—81b)

那些想把自己的意志强加于寡妇的人常被官员们贬低,他们的言辞很容易让人想到贪得无厌之徒。例如,一个官员形容一个寡妇的贪婪的姻兄垂涎她的财产(沈衍庆,1862,4:10a—11a);另一位官员指控一个争讼者把无子死者的财产看作"几上肉",把它与"掌上珠"放在一起做文字游戏,后者通常用来指喜欢的嗣子。(徐士林,1906,3:63b)对争讼者,也即应继之人和他的家庭动机的这种怀疑,助长了官员们对寡妇及其继嗣人选的同情。

但是推动这种变化的更重要的原因,如前所述,是明末清初贞节寡妇理念日益强化所形成的道德规范力量。① 寡妇贞节崇拜使官员们对承祧目的有了一个全新的观察向度。对他们来说,保护寡妇对亡夫的贞节变得和保护父系的延续同等重要。寡妇维护本人贞节的能力取决于她能否选择一个可以与之建立亲情的嗣子,

---

① 旌表贞节寡妇在先前朝代并非没有,但自 1304 年以后变得更加频繁。这一年元朝礼部规定年过 50 且在 30 岁以前开始守寡的妇女可受朝廷旌表(《沈刻元典章》,1908,33:17a),也就是说因为她拒绝再醮的极大诱惑和在性生理活跃年龄守志不改而受褒奖。这一 30 岁至 50 岁的规定成为以后各朝遵行的标准。清初主要的修改是对所有在 50 岁以前去世,且已守节十年以上的年轻寡妇予以同样的荣誉。在 1871 年,守节的最低年限再次降低,变为六年(《钦定礼部则例》,1845,48:11a—11b;《清会典事例》,1899,403:11a;404:24a;刘纪华,1934:537—539)。

从而可以相信他不会让她生活悲惨，不必让她用再醮来摆脱那样的生活。

对寡妇福祉的这种关心可以从汪辉祖帮助江苏长洲知县解决的一个争执中看出来。在1730年代，有钱有势的周家的一个年轻公子过世，留下年仅19的寡妻，她怀有身孕，生下他们第一个（也是仅有的）儿子：继郎。周张氏守贞抚养继郎。但是继郎在18岁上，在成家前一个月亦撒手人寰，周张氏担心她的儿子绝嗣，无人祭祀，欲为其子立继。然而她丈夫的族亲却要为她的亡夫立继，其正当堂皇的理由是不能为一个年轻未婚的男子立继。这场官司在1753年告到县里，但直到1760年汪辉祖审查该案时还没有了结。

汪显然同情寡妇。他建议长洲知县允许周张氏选择她自己喜欢的人入嗣，"以全贞妇之志"。当知县犹豫，怕得罪有权有势的周家时，汪说服道："为民父母而令节妇抱憾以终不可。"该知县终于同意周张氏为其子立继。（汪辉祖，1796，上：17b—19a）①

贞节理念对承祧的影响超出了对贞节寡妇生前需要的关心，进一步扩展到其死后需要。比如18世纪的学者梁章钜认为，当时几乎普遍地无视古典世系继承理念关于大宗小宗之区别的做法，是由于人们更关心贞节寡妇的祭祀需要，而不是每个男子都应有一个儿子继承的父系原则。他写道，人们常常为庶子立嗣是因为"不忍节妇之无祀"。（梁章钜，1875，9：10a）

---

① 汪辉祖以同情贞节寡妇著名。如苏珊·曼（Susan Mann）所推测的，这无疑部分地与他的个人经历有关：他的嫡母（他父亲的妻子）和他的生母（他父亲的妾）都在丈夫死后守节并被朝廷旌表为节妇。（曼［Mann］，1991：217—219，226）

从对贞节寡妇的祭祀需要的关注,到明确她立继不仅是为继承其亡夫,也是为了继承她自己,因此应该允许她选择她所喜欢的任何族侄为继,只有跬步之遥。确实,在当时的法律话语中我们可以看到越来越多的为妇女立继的言论。例如在 18 世纪中叶,官员张甄陶(1745 年进士)建议"三不争",通过辨别适用应继和爱继的具体情况来解决两者之间的争执,他的第三个不争是"继妇人者不必争"。① 张区分了"妇人无子"的两种情况。对一个年轻守寡的妇人来说,无子意味着她将为亡夫守贞;而对一个晚年守寡且无子的女人来说,它反映了一种深刻的道德缺憾:她不仅本人未能生子,还因强烈的妒忌使得她丈夫没法通过纳妾来生子。年轻寡妇应该有权从合格的族侄中选择她喜欢的人(爱继),老年寡妇则必须严格遵守应继的规则来立继。张只是在讨论老年寡妇时才提及继承中的父系原则"立继继宗非继己",并把她们排除在"为节妇立继"的范围之外。这就是说只有年轻节妇得以选择爱继:她的立继不仅是为了其亡夫的父系家族的延续,也是为了她自己。(张甄陶,无出版年代,59:8a)。

这样的考虑在明末和清代的继承案例中是十分明确的。事实上,在某些案例中,官府的唯一关切是节妇无嗣。比如1789年山东曲阜的一桩复杂的继承案,涉及谁将入继给一个受朝廷旌表的节妇为嗣的争执(该节妇在丈夫死后绝食而死)(曲阜师范学院历史

---

① 另外两件不必要的争执是关于生前和死后立继的。张甄陶争论说只有活人才有欲望,才有喜欢和憎恶,人死则欲灭,所剩只有"气"。因为祖宗的神灵接受其后代任何同气之人的祭祀,所以择继不必择死者生前喜爱之人。因此坚持同宗应继原则是恰当的。同理,若一个人还健在,就应允许他选择他所爱之人。关于"气"的概念及其与宗祧之间的关系,参看滋贺(滋賀),1978 和沃尔特纳(Waltner),1990。

系编,1980,3.1:442—448)。同样,19世纪初,直隶成安县的一个案例涉及为李高氏立继,她在丈夫死后回到娘家。知县斥责其父兄只知其饮食起居,而不论"其守节之无后"。(张五纬,1812,批词:64a—65b)这两个案例中没有一个提及为死去的丈夫立继的需要。

其他案例还表明贞节寡妇理念对寡妇相对其公婆在择继上的权力同样具有某种影响。例如在1882年,江西东乡县知县董沛以贞节为由做出了有利于寡妇、不利于公公的判决。该寡妇在丈夫死后,被公公赶出家门,在外别居。然后公公为死去的儿子过继了一个年轻的男性亲戚为嗣,并让他和自己同住。董沛在判决中强调嗣子应与继母同住并赡养继母。他还谴责公公的自私自利、只顾自己而无视守贞媳妇的做法(尽管董沛注意到这位公公已经80多岁,两耳聋聩,来日无多)。董沛判定将公公所选的嗣孙遣还本家,由寡妇和宗族中一个正直的成员一起选择一个昭穆相当的嗣子。(董沛,1883,1:10a—10b)另外几个清代案例也记录了官员在判决与夫家族亲的继承纠纷时偏向守贞节妇(例如张五纬,1812,批词:15a—15b;董沛,1881,1:4b—6a;1883,2:1b—2a)。

并不是所有官员都在司法实践中愈益重视为节妇立继。19世纪早期一个官员斥责一人想挑选自己的一个孙子为守节女儿立继,提醒他说他女儿的责任是选择丈夫的侄子来为其丈夫立继。(邓瑶,无出版年代)另一位19世纪后期的官员则觉得有必要对一个案例的诉讼人说明"继立嗣子所以延似续(中文原文如此——译注)而承宗祧,为无子之人立后,非为其妻妾立继也"(孙鼎烈,1904,1:6b)。显然这些官员认为有必要重申承祧的本来目的。但这一事实正好说明为节妇立继已经变得多么普遍。

上述事实并不表明为节妇立继已经代替了为男子立继。毕竟寡妇择继同时满足了两方面的目的,因为这不仅是为自己,也是为亡夫和其宗祧择立嗣子。重要的是在强调应继的成文法律中,寡妇贞节的道德规范性力量在司法实践中助长了判案重心向爱继的偏转。

成文法律终于在1770年代追随司法实践做了修改。当时乾隆颁发了两道谕旨,把爱继放在与应继同等的地位。第一道敕令颁于1773年,是回应江西按察使胡季堂的奏折。胡按察使指出了现行法律的两个弊端,一是它造成了大量继承诉讼,二是官员们贯彻起来极为困难:

> 江西讼词繁多,控争继嗣者,尤为不少……无论大家士族、田野细民,凡无子之人,薄有资产,族党即群起纷争,不夺不餍。或称应继,或称爱继,……若尚未定嗣,无子者素与应继之人不相和睦,或曾讦讼有案,是既非喜悦,即难以强其立继……若复拘定应继之说,议令承继,则继后尚能保其相安无事耶?

乾隆立刻颁发了体现胡季堂建议的谕旨,允许无子者越过应继之人,如果他们相互间素有嫌隙的话。(胡季堂,1773,59:5a—6a)①

两年以后,即1775年,这一敕令被编入《大清律例》之中:

---

① 胡季堂的奏折也使得兼祧合法化。乾隆的谕旨于1961年的《台湾私法人事编》中重印。(《台湾私法人事编》,1961,4:642—644)

> 无子立嗣,若应继之人平日先有嫌隙,则于昭穆相当亲族内择贤择爱听从其便。如族中希图财产,勒令承继,或怂恿择继,以致涉讼者,地方官立即惩治,仍将所择贤爱之人断令立继。(《清》:078-05)

另一条敕令,颁发于1775年,后来收入《清会典》,专门讨论寡妇择继。因为择继具有继承宗祧和赡养长辈的双重目的,所以乾隆谕令两个方面的考虑是最为重要的,即昭穆相当和"顺孀妇之心"。因此应允许寡妇选择她所喜欢的任何一个昭穆相当的族侄。(《清会典事例》,1899,753:308—309)这样爱继和应继就彻头彻尾同样有效。通过这样的方式,成文法跟上了司法实践的脚步。

由于官员们早就在实际判决中倾向于寡妇,成文法的变化并没有让他们的判决产生实质性的改变。但这个变化确实改变了他们判决的措辞。1775年以后的141件牵涉寡妇的继承案中,没有一个法官认为有必要为越过应继而同意寡妇的爱继做辩解,大多数官员径直否决了寡妇的对立方试图僭取寡妇选择族侄权利的做法(比如董沛,1884,1:16b—17a;孙鼎烈,1904,1:3a;樊增祥,1910,3:1597,1688)。

因此,1775年对成文法的修改放弃了明初确立的强制侄子继嗣法中的一个基本原则。而应继之所失正是寡妇之所得,因为她现在有了法律上的空间来选择她所喜欢的族侄。不仅如此,只要她的选择昭穆相当,应继或任何其他人都无权与她在法庭上相争执。虽然清代寡妇在宗祧继承上的权力仍然比宋代寡妇所享有的要少,但她们的权利在强制继嗣的框架内有了极大的扩张。

第三章

寡妇与民国初期的宗祧继承

清末民初是中国法律制度发生特别重大变化的时代:对清律做了修改,民事和刑事首次被一分为二;民法和刑法的制定根据的是西方的法律模式;舶来的"权利"概念进入了中国的法律话语体系;严格的程序规则也被介绍进来。但就财产和宗祧继承而言,清律中的所有律例都仍然有效,直至1929—1930年《中华民国民法》颁布。因此本章的大部分将解释以下谜题:最高法院和法律最权威的解释机构大理院一方面反复强调宗祧继承和财产继承间的密切关系,以及在这些方面所有相关的清代法律仍然有效,另一方面又不断地对上诉的案件做出违反这些法律的裁决,甚至允许异姓或昭穆不当的不合法嗣子继承所有的财产,对此该做怎样的解释呢?

这并不是大理院在说一套做一套。恰恰相反,这种文字和实践上的明显相悖是法庭采用现代西方民法为其基本原则的必然结果。这样一来,虽然关于宗祧和财产继承的具体法律承袭不变,但它们是建立在与清律大相径庭的司法逻辑上的。

这两种逻辑的对比在民国初年的法庭案例记录中十分明显。大理院站在变革的前沿,但它所采用的源自西方的司法原则并不代表当时的司法实践,地方法庭基本上继续按着清代的旧有原则在运行。这两套逻辑及它们大相径庭的结果在上诉到大理院的案例中必然发生直接的冲突。

寡妇和她的诉求构成了最佳的棱镜,通过它们我们可以观察这些变化。作为承祧诉讼的焦点,寡妇对有关宗祧和财产继承的法律观念的变化有最切身的体验。在上一章里我们已经看到清代贞节孀妇的理念具有如何巨大的道德规范力量,使得任何人都难以挑战寡妇对嗣子的选择,只要她的选择满足法律的要求(出于同姓、昭穆相当等等)。在这一章里,我们将看到新的源自西方的司法逻辑如何使得人们难以挑战寡妇所选择的甚至是不合法的嗣子。在大理院的司法秩序内,某人甚至可以继承一个人的所有财产,而不必同时被合法地认定是该人的宗祧嗣子。虽然法庭反复肯定宗祧继承和财产继承之间的关键联系,但它的实际裁决在事实上开始造成两者间的分离。

司法改革和大理院的作用

官方推动的司法改革开始于1902年。这一年慈禧太后发布了一道诏令,训谕研究西方法律制度以改革中国的法制。这一改革始于1904年授权成立的法律编纂馆,然后由它的继承者,成立于1907年的修订法律馆接手继续。任职于这些机构的改革者中最重要的是沈家本,他认识到他们的任务是双重的:首先修改清律以为过渡,然后以国外模式为根据创造新法律,并在适当的时候用它取代修订的清律。1909年他们制定了《大清现行刑律》,清廷于第二年,即1910年将其付诸实施。这时他们已经完成了另外两部法律,它们与旧清律及其修订版不同,明确地将刑事和民事分开——新刑律于1907年进呈朝廷,而民律草案于1911年进呈朝廷。(梅杰[Meijer],1950)

新刑律于1912年初由刚成立的民国政府以《暂行新刑律》的名义付诸实施。直到1928年国民党政府对其重新修订为止,它一直有效。1935年颁行的刑法又取代了1928年的刑法。然而民律草案招致了很多反对,被批评为强调个人而牺牲了家庭和社会,以致它从未付诸实施。1925—1926年颁布的修改稿(第二草案),虽然做了重大修改,试图纠正其过分的个人主义,但也遭遇了相同的命运。(黄宗智[P. Huang],2001)直到1929—1930年《中华民国民法》颁布,中国才有了与刑法相当的民法。

在此以前,修订过的清律一直是用以处理民事的成文法典。因为清朝已经覆亡,所以律名中的"大清"改为"前清"。另外律名中的"刑"字被去掉了,因为已经颁行了单独的刑律,也因为人们现在认识到律名中的"刑"字从一开始就是一种误用,因为像旧清律一样,它里面包含大量的民事问题。(潘维和,1982:28)《大清现行刑律》因此改名为《前清现行律》,简称为《现行律》。

如黄宗智所指出的,在修订清律的民事部分时,法律改革者们并未对大多数法律"动手术",他们只是删去了那些显然已经过时的部分,如有关强制劳役、科举考试和旗人的部分。在承祧和分家方面,《现行律》几乎是一字不差地照抄了旧清律。在其他民事范畴,如户婚、田土和债务,也同样如此。(黄宗智[P. Huang],2001)

虽然清律的生命因此得以延长,但其重要前提是只有其中不与国民、国体和时代精神相冲突的部分会得到继续应用,其余部分则将被取消或加以修改。(F. Cheng,1923:Ⅰ;潘维和,1982:28)而决定其中哪些法律可以继续应用是大理院的任务。

大理院成立于1906年,是清末司法改革的一个组成部分。其名称取自作为清代三法司之一的大理寺(另外两司则是刑部和都察院)。它在1927年末被最高法院取代,然后于1929年初搬到南京。大理院在现代四级法院(它们分别为初级法院、地方法院、高等法院和大理院)体系中是最高的上诉法庭,也是法律的最高解释机构。(徐晓春[Xu Xiaoqun],1997:3)在这两个方面,它都拥有极大的权力来修正成文法律和制定新法。它的裁决,即以判决例或解释为形式对下级法院的询问做出的回答,不是附加到现行律文中,而是成为单独的法律。① 如果大理院裁决与成文法有任何冲突,则以大理院裁决为准。因此必须从大理院的裁决中来寻找继承法领域里的变化。

大理院对清律中宗祧继承和财产继承的基本原则原封未动地

---

① 大理院的裁决在1910年代和1920年代不定期编辑出版,以便法官和律师知晓其内容的变化。其中最为全面的是《大理院解释例全文》(1931),它包括自1913年1月起第一条至1927年10月止最后一条的大理院所做的2012条法律解释的全部文字,以及《大理院判决例全书》(1933),它包括了大理院对上诉案所做裁决的简短摘要。

保留,它坚持宗祧继承支配财产继承的原则。在处理遗产之承受时,法庭"应以宗祧承继为先决问题"(《大理院判决例全书》,1933:284;大理院:241-2373)。大理院同样坚持强制侄子继嗣的原则,任何已婚而无子,或虽未婚但有为其守节的未婚妻,或成年而未婚的男子,在死时都应指定一个同宗侄子为嗣,当然其假定是有昭穆相当的人选。即使当事人本人有口头或书面遗言表明不愿立嗣时也应这样做:

> 现行承继法系注重宗祧之不绝……关于无子应行立嗣之条文均属强行法规。凡无子之人生前果否即行立嗣虽属其人之自由,而以遗言表示死后不立嗣则显与立法之意旨不符,自难认为有效。(《大理院判决例全书》,1933:260)

同样具有强制性的是清律对不同宗或昭穆不当继嗣的禁止和对兼祧条件的限制。继承法律将压倒所有与其相冲突的民间惯行和宗法族规(《大理院判决例全书》,1933:260)。

然而在延续的原则之下有许多变化,这些变化同样是由大理院的各种做法推动的,这包括强调"权利"的立场、对民事和刑事案件的明确区分和西方司法程序的引进。其结果是大幅度地改写了《现行律》中强制继嗣法所适用的情境。对于寡妇来说,这些变化特别重要,因为它们事实上赋予了寡妇们自由选择嗣子的权利,即使在这些选择与法律上的禁令相冲突时也是如此。

在解释大理院司法秩序内寡妇的权利时,我们必须注意不要把目标和结果混淆起来。虽然法庭裁决有扩大妇女权利的效果,但这并不是其明确的意图。大理院并没有把法律面前两性平等当作其中心任务之一。如我们在后面一章中将要看到的,在涉及财产问题时,大理院是很保守的,在1927年至1929年间,它每次都抵制国民政府试图把财产和宗祧继承分开,并立法赋予妇女继承财产的同等权利的努力。大理院对寡妇在继承中的立场因此并不是出于它对妇女整体权利的承诺,而是出于在中国建立基于西方司法原则的现代法制的努力。

可以想象,大理院关于宗祧继承和财产继承的裁决是慢慢拼凑补缀而成的,因为它是逐步地意识到采用西方民法之基本原则的各种后果的。事实上,直到1923年,新的继承法律的所有要素才具备。同样可以想象,为了追随西方的传统,法院在其裁决中明确地使用了"权利"这样的语言。这语言带有自身的指令,要求明确辨别谁拥有何种权利,以及在何种情况下他们可以行使这些权利。

择嗣的权利

在对承祧的裁决中,大理院比清律更明确地规定了无子丈夫、其寡妻、其父母和祖父母,以及其族亲在择嗣上相应的权利。择继权或择嗣权首先属于他本人,他死后则属于他的寡妻,只要她仍守贞未嫁。如果夫妻双亡,这权利则归其直系尊长,即父母、祖父母等。如果他们也已不在人世,则由亲族会议(由所有族亲或各房代表组成)通过多数表决来选择嗣子。如果亲族会议不能达成协议,争执演变为诉讼,则由法庭来指定嗣子。(《大理院判决例全书》,

1933:265—268,276)

对寡妻来说,大理院裁决把明清律中她对其夫家的责任变成了她本人的一种权利。清律中有关条文说:"妇人夫亡无子守志者,合承夫分,须凭族长择昭穆相当之人继嗣。"在《现行律》中这些文字被逐字逐句保留下来(《大清现行刑律案语》,1909,5:19),然而大理院的解释将其变成关于寡妇的权利而不是她的义务的陈述。它解释说,这条法律的意思是:"择嗣之权专在守志之妇。"(《大理院判决例全书》,1933:261)

大理院特别把寡妇为亡夫择嗣的权利定义为其专权,即别人不得侵犯的权利。因此它判定男性族亲在任何情况下都不得干预她的选择,替她择嗣,即使她的选择违反了法律,也不得替她另行择嗣。(《大理院判决例全书》,1933:271,279)这些禁令甚至适用于族长。寡妇无须征询他的意见,或请他做择继的见证。(《大理院判决例全书》,1933:266,272)如果这些亲戚中的任何人,包括族长,没有得到她的明确同意而替她立嗣,则他们的选择自动无效。(《大理院判决例全书》,1933:264;《大理院解释例全文》,1931:第599号)

不仅如此,寡妇择嗣的专权现在还凌驾于明清法律赋予其公婆的同样权利之上。但是大理院不能完全无视她亡夫直系尊长的意见,否则就违背了另一条原则:"家务统一于一尊。"(《大理院判决例全书》,1933:269)它对这一矛盾的结论是强调寡妇有择继的专权,而其亡夫的父母和祖父母只有同意权。即使这样,他们也只有有限的发言权,只有当寡妇在择继时违反了法律,如所选昭穆不当,或非出于同宗,或违反了兼祧的规定时,他们才能行使不同意的权利。在这种情况下,他们可以上告法庭撤销她的选择。如果他们不同意仅仅是因为不喜欢其寡媳所选之人,则她可以上法庭确认她的选择。(《大理院判决例全书》,1933:261,269—270,277—278;《大理院解释例全文》,1931:第709号)

同样,如果公婆违反了法律,在择继时没有得到她的同意,那么寡妇可以上法庭抗议他们的选择。如果她能证明这一选择没有得到她的同意,法庭就会裁决他们的选择在法律上无效。(《大理院判决例全书》,1933:271)例如,在大理院1914年复审的一个案例中,奉天怀德县的农妇刘刘氏(58岁)状告其婆婆和族长选择某个侄子为其死于1911年的亡夫之嗣子。怀德县县长和奉天高等审判厅都否决了刘刘氏的诉求,判定她婆婆行使的是其合法权利。这样的判决在清代显然是合理的,但对大理院来说重要的是刘刘氏是否同意这个选择。婆婆争论说,刘刘氏在丈夫死时曾表达了选那个侄子为继的愿望,过继文书签字时她也在场。大理院认为寡妇不可能在场,因为在这之前她已被赶出家门,因此判定他们的选择在法律上无效,刘刘氏可以选择她自己喜欢的人为继。(大理院:241-250)

最后,寡妇择继的专权也允许她不立嗣子。虽然大理院有强制立嗣的规定,但它裁决不能在寡妇择嗣时有强迫规定的期限。(《大理院判决例全书》,1933:273)即使她在生前未能立继,法庭认为其后果也并不严重,因为根据"妇承夫分"的法律,他的财产至少有人继承。根据同样的逻辑,她死后财产将"无所归",因此亡夫的父母或祖父母——如他们都已亡故,则亲族会议——将立刻依法择继以防止各种舞弊(非法侵占财产),并确保死者家系的延续。

(《大理院判决例全书》,1933:262)

清律和大理院对寡妇继承权利的不同处置从它们对私立或私继的不同立场看得最为明了。如第二章所示,在清代,一个寡妇通过一系列步骤,至少得到族长的同意,或更为理想地也得到亡夫近亲的同意,得以参与议立或议继的协商过程。如果她过继了一个嗣子而没有至少得到亡夫族长的同意,则她犯了"私立"之过。

而在大理院的裁决中,"私立"这一用语及相关的种种贬义都不再用于寡妇,她终于有了立继的排他性权利。"私立"这一贬义用语现在只用于那些未经她同意的立继,无论出自族长,还是她亡夫的族亲,甚至她亡夫的父母或祖父母。(《大理院判决例全书》,1933:264;大理院:241-250,241-5012)

告争的权利

大理院一方面对择嗣权利做出规定,另一方面也对告争的权利,即挑战继父母所做选择的权利做出了规定。明清法律对承祧诉讼有若干限制。1500年的废继例规定,继父母如果放弃应继而选择爱继,"若于昭穆伦序不失,不许宗族指以次序告争"。1775年的嫌隙例同样规定,如果继父母因不喜欢而越过应继选择爱继,宗族成员不得告争。从这个意义上来说,大理院只是萧规曹随而已。

但是大理院把这个规定推到了在清代无法想象的极端。如以下的细节分析所要表明的,它对告争权利的各种裁决的累积效果将使任何直系尊长以外的人都无法在法庭上挑战继父母的选择,即使这一选择违背了强制继嗣法律中对昭穆不当、异姓继承和兼祧设立的条件。

根据大理院自己的解释,限制告争权利的理由是"防止健讼"(《大理院判决例全书》,1933:750)。这样做的出发点并不新奇,因为清代官员就经常抱怨衙门山积的讼案和民间日增的纠纷(黄宗智[P. Huang],1996:第6、7章;麦考里[Macauley],1998:第2章)。不同的是大理院用来解决问题的一揽子办法。清代法庭的对策是拖延时日或将讼案驳回村庄或宗族去调解,大理院则运用法庭本身的权力,通过对告争权的限制来杜兴讼之源。

虽然拒绝某些人在某种情况下上法庭的做法并非民国初年所仅有,但大理院的做法更多地来源于司法改革的新概念,而不是追随清代的遗规。它的做法根据的是依西方模式而建立的法庭程序。《大清民律草案》和《大清刑事诉讼律草案》虽然都完成于1910年,但都是在修订并改名为《民事诉讼条例》和《刑事诉讼条例》后,于1922年施行的。① 在此之前,司法程序是由1907年颁行的《各级审判厅试办章程》以及大理院做出的解释和重要判决规定的。

任何民事程序法都有一个关键要素,就是定义谁可以成为诉讼当事人。在中国所本的西方模式中,"当事人"指的是由民法赋予了权利的人。1929—1930年以前,受西方影响的民法在中国还付诸阙如,大理院在裁决中把《现行律》中的规定变成了权利的概念。根据民事程序规范的逻辑,只有大理院所规定的有权利之人

---

① 国民党政府在1928年颁布了《刑事诉讼法》,在1930—1931年颁布了《民事诉讼法》,在1935年颁布了修正后的《民事诉讼法》和《刑事诉讼法》。

才有权成为诉讼的当事人。

对男性族人的限制

大理院在裁决中,将《现行律》中的"应继之人"定义为"有承继权"之人。大理院规定了告争权建筑在继承权之上,并据此在许多案例中判决只有有权继承之人及其代表(父母和祖父母)才可以在法庭上挑战他人对嗣子的选择。其他人,无论与继父母关系有多亲近,都无权这样做,即使继父母所择之人昭穆不当,非同宗同姓,或在其他方面与法律相抵触。(《大理院判决例全书》,1933:267—274,279;《大理院解释例全文》,1931:第564、897、1003号)

大理院解释说,这在实践中意味着法庭应拒绝那些没有恰当资格的人提起的继承诉讼。在这样的情况下,法官甚至不必调查引起纠纷的选择是否与法律相符合。(《大理院判决例全书》,1933:269)不仅如此,因为诉讼本身就不合法,所以法官也不得利用这个机会宣布不合法的选择无效。(《大理院判决例全书》,1933:273)

这些裁决的结果可以用某些具体案例来做最好的说明。一个很好的例子是对许戴氏的诉讼。许戴氏是云南嵩明县一个60岁的寡妇,她选了她的年轻侄孙,24岁的许仁和为其已故丈夫的嗣子。她的一个侄曾孙许师孟对她的选择提出争议,其理由当然是完全合法的,那就是许仁和与许戴氏的丈夫相差两代而不是一代,昭穆不当。大理院在1914年接到这一案例后,驳回了师孟的诉讼。

83　大理院判决道,虽然许戴氏的选择确实于法不合,但师孟根本就无权提起诉讼,因为他与死者相隔三代,没有任何承继权。(大理院:241-1166)

　　大理院所排斥的没有承继权的人甚至包括了没有合法儿子的亲近族人,比如丈夫的兄弟。1922年,直隶安次县26岁的杨玉升对49岁寡嫂杨李氏和其所择之嗣杨天有提出诉讼,指控将杨天有过继给他死去的兄长不合法。原告有明确的法律条文作为依据,因为杨天有是死者三服之内的堂弟,与死者同属一代。安次县令因此判定杨天有不能入继。杨玉升虽然已婚,但还未曾育子。他原指望他自己将来的儿子可以入继,但是令杨玉升失望的是,县令同时判定,如果杨天有今后有了儿子,他的儿子因昭穆相当,可以过继给死者为嗣;如果他没有儿子,则杨李氏可以在她丈夫的男性族亲中选择昭穆相当之人为继,选择谁完全是她的权利。

　　杨玉升对安次县的判决提出上诉,案件移交到北京的京师高等审判厅。① 京师高等审判厅在安次县的判决中找到了法律上的漏洞,但驳回了杨玉升的上诉。京师高等审判厅解释说本来杨玉升有权要求继嗣,但他没有儿子,杨李氏的选择合法与否就与他无

---

① 京师高等审判厅既是京师地方审判厅的第一上诉法庭,也是京郊各县法庭的上诉法庭。1928年,它成为河北高等法院第一分院,移址天津。(《申报年鉴》,1933,1:14)京师地方审判厅则于次年更名为北平地方法院。

关。他首先就没有提出诉讼的权利。(京师高等审判厅:239-7995)①

再举一例。1918年河南商丘县52岁的农民朱汉章到县衙门状告他寡嫂为他死去的兄长朱焕章所择之嗣不当。他的寡嫂朱祁氏选择了他们兄弟俩的堂兄弟朱汉起的独子朱润德为嗣。原告反对朱润德有充分的理由:作为独子,他不能出继;因为他父亲汉起和已死的焕章不是兄弟,所以他也不能兼祧;更为糟糕的是润德甚至不是同宗,因为他的祖父春和是从外姓过继到朱姓宗族来的。

作为替代,原告朱汉章提出由他的独子德明兼祧二房。但是他为他儿子提出的要求也是不合法的。焕章曾被其叔过继,据法他不再是汉章的兄弟,而是他的堂兄。因此独子德明和独子润德一样,都不能兼祧。

面对这两个都不尽人意的人选,商丘县县官决定让两人都成为焕章的继子,以寡妇所择润德为爱继,而以德明为应继。这一妥协方案不能让汉章满意,他向河南高等审判厅提出上诉,结果高等审判厅维持县官的原判。

朱汉章于是向大理院提出上诉。他本应知足而退,因为大理

---

① 京师高等审判厅认为安次县县官误用了"虚名待继"的法律。《现行律》(与清律一样)允许对"昭穆相当"的一般要求有一个例外:如果没有适当的人选(宗侄),而且死者是家中的独子,那么可以为死者的父亲指定一个嗣子,然后等这个继承人有了儿子,这个儿子就可以成为死者的嗣子。这一例外是为了保证父系的延续。(《清》:078-05;《大理院判决例全书》,1933:255—256)安次县县令事实上在判决中做了如此安排,允许死者的嗣子之位虚悬,直至杨天有生子。但是如京师高等审判厅所指出的,这个案例的情况有两个要件与法律规定不合:死者有堂侄可以指定为嗣,另外他也不是独子。

院在1920年推翻了县令和省高等审判厅的判决,裁定润德为朱焕章的唯一嗣子。因为汉章的儿子德明没有兼祧的资格,所以他没有继承焕章的权利,因此他和他的父亲就没有权利来挑战焕章寡妻的选择。至于她所择的人选也无兼祧的资格,甚至源出异姓,则与他无关。朱汉章根本就无权对此提出诉讼。(大理院:241-6291)

大理院甚至否认族长有告争的权利。1916年江苏高等审判厅咨询大理院,一个族长是否可以起诉一个过继了异姓青年为其亡夫嗣子的寡妇。江苏高等审判厅称该族长只是希望找一个合适的人选,而非他本人或其子弟觊觎寡妇的财产。大理院遵行自己规定的逻辑,答复说既然族长本人没有继承权,也不是任何有权继承者的尊长,他就无权对寡妇的选择提起诉讼,即使这选择是不合法的。(《大理院解释例全文》,1931:第455号)

对族长的排斥比任何其他事情都更能说明大理院所试图推动的激烈变革。如我们所看到的,在过去,财产继承和宗祧继承间不可避免的紧张关系被看成利和义之间的道德冲突,男性族人试图通过承祧而获得财产被看成见利忘义。他们无论如何小心翼翼地用为死者承继香火、接续宗祧的词句来粉饰,都无法摆脱人们对其真正动机的怀疑,即染指死者的财产。而作为对比,族长被认为是可以信赖的宗族成员,人们相信他会把道义责任放在利益追求之上,县官们通常寻求他们的协助来解决承祧纠纷。然而在大理院新的司法秩序内,族长或任何其他没有继承权的人都不再有涉足承祧的资格。对承祧告争的唯一可以接受的标准是有直接的继承权。

告争权的丧失

除了把告争权和继承权联系在一起,大理院还规定了一系列的情况,在这些情况下,一个人可以丧失继承权及挑战某一继承的告争权。大理院把这些情况规定得如此广泛,以至于一个有继承权的侄子,即应继之人,要强调他的权利、对抗寡妇的反对也变得几乎不可能。在大理院的法律秩序中,寡妇选择嗣子的排他权利绝对优先于侄子作为候选人的权利。

在上一章里,我们看到1775年颁布的嫌隙例如何把爱继提升到和应继同等的地位。一个寡妇可以越过应继而选择她所喜欢的宗侄,只要她的选择昭穆相当,族人就无权对她的选择提起诉讼。不言而喻,如果所立之继昭穆不当,或为异姓外族,或不能兼祧,族人就有权对其提出诉讼。

大理院则更进了一步。它宣布应继若被寡妇嫌恶而遭淘汰,就根本没有权利去挑战任何不合法的选择。被淘汰出局的结果首先是丧失继承权,同时也丧失了对任何继承的告争权,即使这个继承人选是不合法的。(《大理院判决例全书》,1933:267—268)

因此,在1915年大理院的一个案例中,薛德奎的寡母薛王氏和寡妻薛刘氏选了族侄薛兆镕为嗣。死者的缌麻服弟——56岁的薛德庆,对她们的选择提出争议,他有充分的法律根据。兆镕不仅是独子,而且是死者的一个堂兄弟的儿子,这种情况使他没有资格兼祧(兼祧之人必须是兄弟之子)。因为原告是唯一有两个儿子的堂兄弟,所以他的次子应该被指定为继。虽然大理院注意到寡妇们的选择事实上违反了法律,但法庭根据早在 1874 年原告和两个寡妇之间就有过一桩讼案,并因此相互深恶痛绝的事实,做出了对薛德庆不利的判决。寡妇们很明确地反对他的儿子为继,他的儿子因此没有继承权,而他本人作为直系尊长,也没有权利为他儿子提起诉讼。(大理院:241-1595)

同样地,在 1919 年大理院的一个案例中,浙江临安县的农妇吴余氏对她 62 岁的寡嫂的择继提出告争,认为其违法。她想让她的儿子,与死者关系最近的合法人选吴宗棠为继。寡嫂认为她无法接受宗棠,因为他在未经她同意的情况下出卖了她亡夫的部分财产。她曾对这一非法行为提起过诉讼。在寡嫂做了这一解释后,大理院判决寡嫂胜诉。在其书面判决中,大理院解释道,吴宗棠的行为招致了寡妇的嫌恶,并使他丧失了成为嗣子的资格。既然他已没有了继承权,他的母亲就无权对其寡嫂的择继提出争议。大理院如此干脆地否决了吴余氏的起诉,甚至不屑于提及其寡嫂的选择是否违反了法律。(大理院:241-5043)

不仅如此,大理院甚至判定"嫌隙"不需要有"客观事实"为根据,只要有"主观之意思"即可。她或他不需要为嫌隙做出任何解释,或者提供任何书面证据或证人,只要当事人不要某人入继就足够了。(《大理院判决例全书》,1933:269—270,273,274;《大理院解释例全文》,1931:第 846 号)

正是基于这些理由,75 岁的直隶大兴县寡妇邵李氏得以击败女族亲把自己四个儿子中的一个过继给她的企图。这个 64 岁的女族亲声称她的儿子是入继的最亲近的可能人选(虽然法庭记录并未明确说明亲等关系),但是寡妇拒绝接受他们中的任何一人,用她自己的话来说,他们"伸手就打,开口就骂"。京师高等审判厅援引大理院对嫌隙的定义,认定没有必要查实她的话是否可靠。虽然他们确实是入继的最亲近人选,但寡妇的拒绝使他们全都丧失了资格。而这又意味着他们和他们的母亲一开始就没有权利提起诉讼,即使邵李氏选定的嗣子出自异姓外族。(京师高等审判厅:239-7958)

最后,一个有入嗣权的宗侄如果不在命继之时或稍后行使他的权利,就可能丧失他的权利。根据大理院的裁决,这样做等于事实上默认了继嗣,该宗侄由此就丧失了他的继承权及相应的对择继的告争权。(《大理院判决例全书》,1933:270;《大理院解释例全文》,1931:第814号)正是这个原因使北京37岁的王玉财丧失了他继承其新近去世的伯父王启明的权利。1922年,他在京师地方审判厅对他52岁的伯母王姜氏提起诉讼,声称她故意剥夺他的继承权,而选择了异姓的张文定为嗣。地方审判厅做出了对他有利的判决,确定他为嗣而开除了张文定。

这样的判决在清代是绝对正确的,但当王姜氏向京师高等审判厅提出上诉时,王玉财才知道到了民国初年还有其他的情况必须加以考虑。高等审判厅判决因为张文定早在1906年就入继王家,而王玉财当时并未对此不合法的立继提出异议,所以他已经放弃了自己继承的权利,也丧失了告争的权利。(北京地方法院:65-5-256-259)

大理院的所有这些裁决加在一起,赋予了寡妇在法庭上无可争议的择继权。除了她丈夫的父母和祖父母,只有有资格继承的族亲(或他们的直系尊长)才有权对她的选择提出争议,就连族长和其丈夫的无子兄弟也被排斥在外。同时,大理院规定了有适当资格的人可能丧失继承权和告争权的各种情况,这些情况包罗得如此广泛,使得那些候选人发现他们没有站得住脚的法律立场。如果他们不在寡妇命继的当时或稍后行使他们的权利,他们的沉默就被认作同意她的选择,他们因此也就丧失了日后告争的权利。更为重要的是,根据大理院对应继和爱继的关系及憎恶性质的解释,一个人可以仅仅因为他一开始就未被选择,而丧失继承的权利和对继承告争的权利,哪怕这继承是不合法的。

虽然我们这里注意的是寡妇,但是对男子来说,如果他在生前择继的话,所有这些裁决对他同样有效,它们也对夫妇双亡之后的父母和祖父母同样有效。在大理院看来,在男性成人、他的寡妻和他的直系尊长一方,与那些组成亲族会议的丈夫之族人一方之间,有一个重要的区分。前者的权利与后者的权利并不相同,例如直系家庭内的任何人都获允选择爱继之人,亲族会议则必须遵照严格的宗族秩序选择应继之人(除非丈夫或他的寡妻生前明确表示了喜欢或反对某一可能人选。《大理院判决例全书》,1933:270—273,另见276—277)。不仅如此,亲族会议的选择还可能受到广泛的法律挑战,因为大理院允许有权继承的人,以及与择继结果利益相关的所有人,如死者的妾、女儿,或者他曾经出继的儿子(如果有的话)、他的生身父母,都可以对会议的选择提出告争。(《大理院判决例全书》,1933:273)

值得指出的是,如果人们根据以上讨论推论说大理院的做法反映了民国初年一般的司法实践,那就错了。它的裁决和省县法庭的决定之间仍有着很大的距离。在省县法庭上,承祧纠纷通常是根据体现在《现行律》中的与清律差不多的法律条文来解决的。在随机选择的从1910年代至1920年代的31件大理院关于丈夫族人(不包括其父母或祖父母)状告寡妇择继的案例中,大理院的判决没有一次不利于寡妇,即使寡妇的选择明显地违反了继承法。相反,在随机挑选的19件京师高等审判厅的案例中有6件做了不利于寡妇的判决,主要是因为对大理院关于告争权利的新规则应用不准确,或是不愿对不合法继承视而不见。

而初等法院,无论是现代体制中的地方法庭还是清代的县衙门,都更倾向于按成文法来判案,而不是根据大理院的裁决。他们接受无继承权者的告争,维护昭穆相当的规定和兼祧的条件,特别反对选择异姓为嗣。① 正如诉讼人和低级法庭将要看到的,当这些案例被上诉时,这些判决虽然与成文法律和过去的实践完全符合,但在大理院新的法律秩序内是无法接受的。

不合法继嗣的合法性

那么什么是这些理论上并不合法的继承的司法根据呢? 大理院先后发布了三项关键性的裁决,把它们综合在一起就等于对不合法继嗣事实上的承认。一项是前面已经提到过的1917年的裁决,即如果告争者本身没有合法的权利,则法庭不能取消一项不合

---

① 关于初等法庭根据成文法所做判决的例子请参看北京地方法院:65-5-156-259,65-5-395-405;京师高等审判厅:239-5465,239-6993,239-7995,239-8045,239-9768;以及大理院:241-1483,241-2436,241-3388,241-4998,241-6291。

法的继嗣。这正是大理院没有宣判我们前面所讨论过的那些不合法继嗣的案例为无效的原因,即朱祁氏择异姓为嗣、许戴氏所择之嗣昭穆不当,以及薛王氏、薛刘氏所择之嗣违反了兼祧的规定。大理院认为,法官们在告争者没有合法权利而提起诉讼的情况下取消不恰当的继嗣是"过分之干涉"(北京地方法院:65-5-395-405)。那些拒绝这样做的法官则受到特别的赞扬(例如大理院:241-1595)。

在1923年的第二项裁决中,大理院试图修正上述立场,在拒绝不合法告争和承认明显不合法的继嗣之间划出一条界线。"无继承权之人对于他人之承继,无论其是否合法,依法固不能告争,但亦止于告争不应准许而已,并非不合法之继嗣因由此即可认为合法。"(《大理院判决例全书》,1933:282)由于禁止异姓继承、昭穆不当之继承等禁令在《现行律》中是强制法律,法院不能给不合法的择继盖上同意的图章。同样重要的是,它必须对有继承权的人打开告争的大门,因为一旦择继被法庭确认,人们以后就不能在另外的讼案中提出告争(例如京师高等审判厅:239-4438)。

由于这些理由,法庭必须谨慎行事,应避免给人的印象是在赋予不合法继嗣以合法性。在它自己对上诉的决定中,大理院根据争议中的继嗣合法与否,以两种明显不同的方式撰写了它的书面判决。如果嗣子的选择合乎法律,法庭在判决中就以正面的陈诉加以确认。比如"上告人[简董氏]得择立简宪颐为其故夫简成林嗣子"(大理院:241-3388),或者"被上告人李黄氏应有择继之权,所立从侄宗模既于昭穆伦序不失,上告人所告争于法自属不合"(大理院:241-111)。但是如果所择之继与法律相抵触,大理院则避免任何确认继承的陈诉,而集中注意力于不合法的告争,特别是在异姓继承案例中;它也力图避免用"嗣子"来称呼不合法的入继人选,而通常只称他为"义子"。

同样是在1923年,在有关的第三项裁决中,大理院阐明如果有告争权的人对一项继嗣不提出告争,这一继嗣就被认定是法律上有效的。"无子立嗣,苟系有权立嗣者所择立,虽属违法,亦非当然无效。非经有告争权人提起确认无效,或撤销之诉得有确定判决,不得否认其立嗣之效力。"(《大理院判决例全书》,1933:282)任何继承由此都被假定有效,除非其在法庭上受到成功的挑战。

大理院对不合法继嗣事实上的认定,如果从《现行律》的法律条文的角度,或者它本身的许多裁决的角度来看,好像没有什么道理。如果对异姓继承、昭穆不当之立继的禁令,以及对兼祧的要求确如大理院所反复强调的,是强制性法律,那么法庭为何不让法官去纠正错误,宣布不合法嗣子无效?

答案是,这时继承法已经完全、彻底地成了民法,根据的是西方的权利概念,遵行的是严格的程序规则。在现代西方的司法体系中,刑事和民事在三点上截然不同:刑法手段是拘捕和刑罚,民法的手段则是财产赔偿;刑法是由国家机关不论何时何地强制执行的,民法则是无法强制的,除非有人提起诉讼;最后,刑法旨在保护社会整体(因此其公式是"人民对某人"),民法则旨在保护个人权利免遭另一个人的侵害。总之,对刑事领域和民事领域采取不同的行动界定了什么是国家认为最重要而必须时刻监控的事务,什么是次要的、最好让社会自己去解决的事务。

根据这样的定义,即使在帝制时代法律中也有许多律和例属于现代西方意义上的民法。如黄宗智所指出的,清代司法制度明确区分重案,如谋杀、强奸、抢劫,和细事,如婚姻、继承、财产和债务纠纷。(黄宗智[P. Huang],1996:特别是 5—10)。虽然关于细事的大多数规定也要求对肇事者施以惩罚,但是县官们在处理此类纠纷时很少动用这些惩罚。不仅如此,至少在理论上,衙门胥吏、地方职役如地保、保正,以及由保甲制度组织起来的一般民众,有法律上的义务向县官报告重大罪案,对违法细事则无此种要求。只有当纠纷的一方提起诉讼时,县官才不得不审理此类细事。最后,如黄所指出的,虽然清律没有明确定义的西方意义上的权利概念,即由法律保障并独立于统治者意志的权利观念,但是地方法庭在实践中总会保护合法的财产权利和契约权利不受侵犯。(黄宗智[P. Huang],1996:第 4 章)由于清律中关于细事的规定和现代民法极为相似,清末民初的法律改革者们在分离民法和刑法,建立现代民事和刑事双轨制的法庭时相当容易。

然而同时,这个制度的转型使国家与其法律制度的关系及法庭在执法中的作用产生了根本的变化。在帝制时代,一件细事一旦告到县庭,县官的任务就不仅仅是保护某人的利益,他同时还要纠正违律的行为。这一点可以从具体案例中看得很清楚。在 1860 年代后期,张顺发在江苏长州县衙门提起诉讼,声称他寡嫂过继为嗣的一个男孩出自异姓,因此无权继承她死去丈夫的那份家产。经过调查,知县蒯德模发现原告本人也是异姓入继,因此对张家财产没有权利继承,并且对张家事务也没有权利过问。但案子并未就此了结,知县进一步命令寡妇择立合适的堂侄为其亡夫之嗣。(蒯德模,1874:6022—6023)蒯知县因此事实上对原告和被告都做了不利的判决。在清律的细事范畴内涉案双方可能都有错,法官因此至少在理论上有责任根据法律对错误加以纠正。

在民国初年,法官对民事方面的违法行为不再负这种包揽性的纠错责任。事实上,如我们所看到的,如果原告没有起诉的权利,法官就绝无权力去纠正被告的错误。在现代西方的民事概念中,法庭不能判决诉讼双方都无理。重要的问题不是被告是否违法,而是被告是否因侵犯了原告的权利而违法。① 如果发现原告的权利未受侵犯,或者他或她根本就无权提起诉讼,那么案子就此了结。一个法官不能同时既否定原告的要求,又判决被告违法,否则就需要加以纠正。

正是大理院裁决的这一方面让民国初年的省县法官们觉得最难把握,或最不愿意遵行。他们对只有有权继承之人才有权对继承提出告争的概念有足够的理解,并能在判决中坚持无权继承者提出的告争违法无效。但告争的非法意味着作为法官,他们无权纠正任何不合法继嗣,对大理院裁决的这个逻辑结论,他们在执行时就常常裹足不前。其结果就是产生了大量这样的判决:法官一方面拒绝原告的告争,另一方面又命令被告取消已择之继而重新选择。这样的双重判决对大理院来说是无法接受的(例如京师高等审判厅:239-714,239-816,239-7958)。

---

① 在这一方面,1907年的《各级审判厅试办章程》中对刑事和民事的区别仍带有清代"细事"概念的痕迹。该规则说:"凡因诉讼而审定罪之有无者属刑事案件。"相反,"凡因诉讼而审定理之曲直者属民事案件"。(《各级审判厅试办章程》,1907:第一条)在现代西方司法体系中,民事诉讼并不追究法律上的是非曲直,它关心的只是一方的权利是否受到侵犯。

不合法承祧和财产继承

大理院对不合法继嗣事实上的认可对财产继承有重大的影响。既然法庭坚持宗祧继承是财产继承的决定因素，法律上的有效推定就意味着那些嗣子，无论在理论上怎样不合法，实际上都能自动地获得继承他们继父财产的权利。死者的亲属则明确被禁止侵占属于这不合法嗣子的财产的任何部分(《大理院判决例全书》，1933:274)。不仅如此，他们也不能上告法庭，对已归该嗣子所有财产提出任何要求。(《大理院解释例全文》，1931:第59号)

正因为如此，贵州贵阳县陈名显的养子陈金崇(60岁，本名罗金雄)在关于他养父田产的诉讼中成为赢家。陈名显的四个族人对金崇提起诉讼，争论说他出自异姓，因此是不合法的嗣子，无权继承名显的财产，应将该财产尽数退还给他们。因为陈氏宗族内没有昭穆相当的侄子可以给名显为嗣，所以这四个族人建议将名显的田产变为祭产，用以维护宗族墓地和祖先祭祀。贵阳县法院判定原告胜诉，陈金崇可得到养父财产的一部分，但他应回到罗家，其余财产则成为陈氏宗族的祭产。陈金崇对此判决提出上诉，但贵州高等审判厅同样判定陈氏族人胜诉。这些判决完全符合《现行律》的规定。

然后陈金崇到大理院上诉，大理院在1917年末推翻了省、县两个法庭的判决。四个族人没有一个有权继承陈名显，也没有一个代表有权的直系后裔，因此他们没有任何告争的权利来反对陈金

崇的继嗣,以及由此而来的对财产的拥有。大理院因此拒绝了陈氏族人要陈金崇放弃财产的要求。(大理院:241-2436)

不合法嗣子得到财产是1917年至1922年间北京一场旷日持久、纠结难缠的法律官司的焦点。诉讼的双方是寡妇陈杜氏和她的30岁养子陈永志与她丈夫的四个弟弟:陈文魁、陈文泉、陈文海和陈文广。根据寡妇的供词,她的丈夫陈文祥曾任清室内务府炭库差使,这个肥差使他得以买下两爿商店,八栋住宅,包括一幢有52间房的大宅。陈文祥考虑到他的四个弟弟没有财产,允许他们在大宅租住。由于陈文祥夫妇没有子嗣,他们从王家过继了一个小男孩,更名为陈永志。陈文祥于1903年过世后,永志接替了继父在清内务府的差使,并一直与继母相处和睦,共享天伦。1916年末,当寡妇陈杜氏想卖掉有52间房的大宅的一部分以还债时,她的姻弟们拒绝从那里搬出。第二年,即1917年,她和养子在京师地方审判厅提起诉讼,要求法院命令四兄弟迁出大宅。

四兄弟立刻提出反诉,争论说争议中的财产是陈氏兄弟们共有的公产,而非如原告所说是陈文祥的私产。为了支持他们的论点,他们试图说明内务府差使在陈家是世代传承并由长子继承的职位。他们的父亲就有了这份差使,这意味着它是家庭财产。作为结果,由这份差使而来的收入为五兄弟共有而非一人独享,用这收入买下的引起争议的财产——八栋住宅和两爿店,也是他们的共有财产。他们因此要求分家,将所有的财产均分为五份。

这还不够,他们还争论说陈永志出于异姓,没有资格做陈文祥的嗣子,因此也没有权利继承文祥的五分之一家产。他们因此要求将永志归宗,另择合适侄子为嗣。四兄弟的心目中已经有了两个人选:文魁的独子永惠和文海的独子永恩(另外两兄弟无子)。虽然根据法律,独子不能出继,否则自己的父系要中断,但他们可以兼祧,同时继承自己的父亲和文祥。兄弟们声称这两个独子中的任何一人都可以成为文祥的嗣子。

保留下来的记录没有京师地方审判厅的判决,但无论其为何,双方对此都不满意。他们都向京师高等审判厅提出了上诉,高等审判厅于1918年5月做出裁决。虽然陈杜氏死于1917年,其时案件仍在地方审判厅的审理当中,但是她的愿望最终决定了该案的结局。

高等审判厅在财产问题上判定兄弟们无理。对内务府的查询表明争议中的差使并非世袭的职位,事实上几代人以前有个姓张的做过这个差使。因此法庭认为这个差使不能被当成家庭财产,在他们父亲死时传给他们兄弟共有,它只是陈文祥的个人财产。然后法庭按陈氏兄弟们的想法讨论继嗣问题,认为陈永志作为养子源出异姓,没有继承文祥的资格。法庭在判决中解释道:"乞养异姓义子不得因无子遂立为嗣,则现在有效之大清现行律又以明文禁止。"现在因为陈杜氏已死,不可能由她来择继,所以陈氏兄弟将从两个合格侄子中选择一人为嗣。

但这只是部分胜利,因为法庭接着引用律文明确禁止嗣子和他的生身父母赶走异姓养子,特别是在养子为其养父母所钟爱的情况下。法律还规定异姓养子可以得到家产的一部分,只要其价值不超过嗣子那部分家产的价值。因此法庭禁止陈氏兄弟将陈永志逐出家门和居所,并判决陈永志应分得那栋52间房的大宅和两爿商店为其份额,其余七处房产,即陈文祥财产的大部,则归嗣子继承。

京师高等审判厅的判决严格遵守了成文法律中关于继嗣和异姓领养的规定。在清代,这会是完全合法的判决。确实,清代的知县们面对异姓养子和同宗嗣子之间的争议时总是做出相同的判决(参见李渔,1667,20:34a—35;董沛,1883,2:1a—1b;程穌,无出版年代:97)。但是这样的判决虽然与《现行律》完全吻合,却违背了大理院的裁决。

当这个案件于1918年上诉到大理院时,大理院推翻了低级法院的判决,做出了对陈氏兄弟完全不利的裁判。在这里,他们才知道他们从一开始就根本没有告争的权利。大理院解释说四兄弟没有一人有资格继承陈文祥,两个无子的兄弟不能代表任何人来告争,而另外两个有子的兄弟对这事也没有任何权利。一个独子成为另一人的嗣子的唯一途径是兼祧,但是兼祧的一个特别条件是当事人双方都对兼祧的安排满意。在京师地方审判厅听审时,陈杜氏曾明确表示她不要两个侄子中的任何一人继嗣。既然她不愿意,兼祧的条件就没有满足,两个侄子作为独子都没有继嗣权。依此推理,他们的父亲也没有代表他们在法庭告争的权利。大理院判决道,虽然陈永志的继嗣违反了法律,但它不得不推翻京师高等审判厅的决定,否决陈氏兄弟提出的指定他们的儿子中的一个为嗣的要求。

这场纠纷到此还远没有结束。大理院对京师高等审判厅关于财产所有权的处理不满意,命其对此做出重新裁决。高等审判厅遵命于次年(1919)2月根据更多的证据重新判决,认陈文祥为所有有争议财产的唯一业主。陈氏弟兄再次向大理院提出上诉。这一次在1919年8月,大理院维持了高等审判厅的判决。所有财产,包括陈氏兄弟租住的52间房大宅,都为陈文祥所有,因此都将为陈永志所继承。

在用尽了上诉的手段之后,陈氏兄弟又想出了新的花招。在1920年2月,一个自称陈永福的41岁男子在京师地方审判厅对陈永志提出了控告。他声称他是陈文祥的堂侄(陈文祥堂兄的儿子),由陈氏兄弟召开的亲族会议指定他为文祥的嗣子。为了证明他的亲属关系,他出示了1917年陈杜氏死时陈家给他的讣告,在追悼者名单上列有他的名字。而他用来证明他被选为嗣子的则是由陈氏兄弟等人签字的继单。被这场新官司缠身的被告陈永志指控陈永福在撒谎。他虽然姓陈,但和陈家不是同宗。他只是陈氏兄弟中一人的佃户,他的告争只是为攫取陈文祥财产而找的一个借口。京师地方审判厅听信了陈永福的故事,确认他为陈文祥嗣子,判决他得到陈家三分之二的财产,其余三分之一则归异姓养子陈永志。

陈永志向京师高等审判厅提出上诉。高等审判厅对陈永福的故事很是怀疑,特别是当他不能准确说出他的所谓同宗成员的姓名和辈分时。高等审判厅也拒绝了以讣告作为证据,因为要在讣告上作假太容易了。高等审判厅同意陈永志所说,即陈永福的命继只是一场欺诈,并推翻了地方审判厅的判决。陈永志将继承其养父的全部财产。陈永福又向大理院上诉,大理院维持高等审判厅的判决。

故事到此还没有结束。第二年(1921),陈文魁的独子,43岁的陈永惠在京师地方审判厅对陈永志提出控告,声称亲族会议现在指定他兼祧其父亲和陈文祥,要求得到文祥的全部财产。由于大理院在1918年已经宣布陈永惠及他的堂兄弟永恩都无权兼祧,他的告争当然没有任何获胜的可能。

陈氏兄弟在利用骗子陈永福、独子陈永惠争夺继承权的同时,也在进行另外一场争夺,试图保住他们占有52间房大宅的权利。我们还记得陈氏兄弟和陈永志之间诉讼的第一回合止于1918年8月,当时大理院判决陈永志对文祥的所有产业拥有全部的所有权,包括52间房大宅。1919年9月永志请求京师地方审判厅强制执行大理院的判决,地方审判厅命令陈氏兄弟及其家属立即迁出大宅,将该财产归还永志。因他们拒绝执行,法庭命令将大宅封闭,禁止他们出入。他们中的一些人撕毁封条,重新住进大宅。法庭只得强行将他们赶出大宅,拘捕入狱,监禁数日,以惩罚他们藐视法庭。

同时,陈氏兄弟就地方法庭的强制搬迁向京师高等审判厅和大理院提出了一系列上诉,抗议法庭的命令,并一再重复他们有权继嗣。他们不断争论陈永志作为异姓,不能成为陈文祥的嗣子,因此无权继承他的财产。高等审判厅和大理院对他们的争论充耳不闻,并以陈氏兄弟及其儿子中无人有权继承,因此无人有权告争为由,支持地方法庭强制搬迁的命令。这一案例的文档直到1922年才截止,它以陈永志作为异姓养子拥有陈文祥的全部产业,包括52间房的大宅而告终。(北京地方法院:65-5-395-405;京师高等审判厅:239-6546)

这个案例的意义不仅在于它所说的和所做的,也在于它所未加言明的。法庭(包括大理院)没有在它们的任何一个判决中确认陈永志是陈文祥的宗祧继承人,它们也从没有提及他是嗣子,而是始终称他为义子。但是陈永志最终对陈文祥的全部财产拥有合法的所有权。换句话来说,陈永志并没有继承陈文祥的宗祧,但继承了他的财产。

陈氏兄弟如果对陈永志的权利在宗祧继承的其他相关方面的功能提出挑战的话,就可能有更加坚实的法律根据。大理院在其他判决中,明确地禁止异姓养子及其后代主持祖先祭祀、出任族长,以及在被族人反对的情况下载入族谱。法庭也强调宗族的任何成员,而不仅仅是那些有继嗣权的成员,可以在法庭上对这些方面的违法行为提出挑战。(《大理院判决例全书》,1933:244,279,284)

虽然大理院反复肯定宗祧继承决定财产继承,但是在实践中它对法律的灵活解释造成了两者的初步分离。在大理院的司法秩序内,一个人可以像陈永志那样继承另一个人的全部财产,而不必同时被认为是后者合法的宗祧继承人。在这个意义上,大理院的裁决为后来国民党颁布的民法中宗祧继承和财产继承的完全分离开了先河。

第四章
民国民法中的财产继承

　　国民党的立法努力始于1927年法制局的建立。第二年,1928年,法制局完成了亲属编和继承编的草案(关于这两编,参阅张虚白,1930:71—133)。在其开始编写总则、债编和物权编之前,法制局解散了,被新成立的立法院取代。1929年初,立法院设立了民法起草委员会,这个委员会最终完成了民法的起草工作。民法最后由国民党的最高权力机构,中央政治会议审核通过。(潘维和,1982:34—35)民法的总则、债编和物权编颁布于1929年,并于1930年5月完全生效。亲属编和继承编颁布于1930年12月,于1931年5月生效。(《六法全书》,1932)

　　民国民法的继承编改变了对财产的法律权利的结构。[1] 这一

---

[1] 以下所有讨论都以1976年印刷出版的 *The Civil Code of the Republic of China*(以下简称 *Civil Code*)为本。

变化在其根本上反映了国民党法制改革者们欲实现在继承权利上男女平等的愿望。该编从国外法律,特别是1896年德国民法和1907年瑞士民法中汲取了大量的内容,对宗祧继承和财产继承的关系、家庭的概念及财产本身的性质做了重新定义。

本章讨论的正是这一新的受西方民法观念影响的继承法,以及它如何不同于旧的承祧和分家的法律。我们所关心的主要不是民国法律和清律的一字一句的比较,而是贯穿两者的截然不同的逻辑。更为准确地说,本章所要探讨的是这样三个问题:民国民法是如何看待宗祧继承和财产继承之间的关系的？它的财产权利概念如何不同于帝制时代的法律？它的财产继承概念如何不同于帝制法律中的分家概念？这两套逻辑对妇女财产权利的影响则将在接下来的几章讨论。

宗祧继承和财产继承的分离

国民党立法者们在对财产权利重新定义时,对财产继承和宗祧继承之间的联系做了根本的颠覆。在这样做的时候,他们与早先的民法草案全然决裂——早先的民法草案仍坚持两者之间本质上的联系。① 如法制局在解释1928年继承编草案时所说,新法的一个目的是取消"封建的"宗祧继承。在这一点上,立法者们继承

---

① 1911年的草案宣布"嗣子制度与继承制度相同",而1925—1926年的草案称"本律所谓继承以男系之宗祧继承为要件"。(《大清民律草案》,4:45;《民律草案继承编》,I,载《法律草案汇编》,1973)

了"五四"时期对父系家族制度的批评。"五四"批评认为父系家族制度对宗祧继承的强调是诸多社会弊端的根源,特别是造成了对妇女的歧视和纳妾制度的盛行。法制局宣称新的草案不仅不承认宗祧继承,并且事实上力图避免任何可能被认为是隐晦承认的字句。法制局提醒说本编中所用的"继承"二字只涉及财产继承,而与宗祧继承无关。(引自张虚白,1930:70—71)

1930年夏,国民党中央政治会议根据男女平等的原则确认了对宗祧继承和财产继承的这一立场:

> 立后者惟限于男子,而女子无立后之权;为人后者,亦限于男子,而女子亦无为后之权,重男轻女,于此可见,显与现代潮流不能相容。

相应地,中央政治会议总结说财产继承不应根据宗祧继承进行,而应严格遵行男女平等的原则。(《继承法先决各点审查意见书》,1930:19—21)

中央政治会议及在它之前的法制局觉得有必要如此小心地区分财产继承和宗祧继承,这揭示了新法中源自西方的继承概念与中国有多么大的隔膜。确实,用来讨论财产继承的字眼,"遗产继承",在既存的思维方式中是不易理解的。"继承"和"遗产"在过去几乎都只用于宗祧继承。在那个系统中,"继承"(或其更为经常的用法"承继")包含了三层意思,即继承个人、继承父系宗祧、继承财产,"遗产"则指已死而无嗣之男子的财产。在民国民法中,这两个词都被赋予了十分不同的意义。"继承"被完全割断了它同父系宗祧的关系，而仅仅指继承财产，遗产则只指一个人在死时所拥有的财产。两个词放在一起，"继承遗产"或"遗产继承"指的就是财产继承。

立法者们同样必须找到一个字眼来表达西方的"继承人"（heir）概念。由于财产继承与宗祧继承密切相关，在当时中国的话语中没有任何字词的意思正好是"财产继承人"。"嗣子"这一词显然不对，因为它指的是儿子，并在继承财产之外包含了继承个人和继承父系宗祧的涵义。立法者们最后选择了"遗产继承人"来表达西方的概念。民法对所有财产继承人，不论他们是谁，都使用这个概念。它也绝然避免对儿子使用"嗣子"一词，以免被人看作承认宗祧继承。①

法律界许多人由于习惯从宗祧继承的角度来看财产继承，对这样的变化存有疑惑，因此民国民法并不禁止人们按"吾国旧例"来指定嗣子（《最高法院判例汇编》，1929—1937, 28: 108）。但被指定的人仅是作为宗祧嗣子而已，绝不意味着他有继承死者财产的法律权利。财产则根据民法的规定属于法定继承人。浙江余杭县一个疑惑不解的法官在1932年向司法院质询，要求澄清：

> 查中国向来重男系血统及嗣续问题，故凡老而无子或死后绝嗣者必以同族卑亲为继承人。他人之争其遗产者亦必以争宗祧继承为前提。宗祧属甲则遗产自随之归甲，宗祧属乙

---

① 对这个一般规则的唯一例外出自《民法继承编施行法》，这里面的十一条款详细规定了新继承法中哪些有追溯权，哪些没有。其中第七条解释了在民法继承编于1931年5月生效以前嗣子的继承权利。

则遗产亦随之归乙,不啻以遗产为宗祧之附属品。今继承编只有遗产继承,并无宗祧继承,而民间诉讼仍沿旧习,借争宗祧以争遗产。

由于民法在宗祧继承问题上的沉默,该法官想知道法庭应如何来裁决这种纠纷。司法院回答说既然民法不承认宗祧继承,法庭就应将这种案件看成财产继承纠纷,并按新法的条款做出相应的判决。(《司法院解释例全文》,1946:第780号)

在实践中这意味着,首先,法庭将不再受理宗祧继承纠纷案。① 例如在1933年,河北东光县的一个无子死者的两个堂兄为将谁的儿子过继给死者为嗣而争执不休,最高法院在复审这个案例时,判决不受理该案。因为民法中没有任何关于宗祧继承的条款,所以法庭对与宗祧继承有关的问题不予理睬,包括如上述案例那样的族人间的争执。(《最高法院判例汇编》,1929—1937,25:18—21)

其次,根据前者,法庭显然应拒绝受理根据宗祧继承而提出的财产要求。最高法院在1933年所审理的另一个案件中明确了这一点。浙江新昌县的陈奎根死于1931年7月,即民国民法继承编实施两个月后。他留下两个女儿,没有儿子。他的女儿召集父亲的亲戚开了一个会议,立奎根57岁的侄子(奎根一个兄弟的儿子)陈松云为嗣,继承他的财产,并为此立了继书。不久奎根的三个侄孙

---

① 只有财产所有人死于民法继承编实施以前所引起的争执才是例外。法庭将受理这样的争执,并按1931年5月以前的法律来审理。参 "Law Governing the Application of the Book of Inheritance of the Civil Code"。

(奎根另一兄弟的孙子)控告松云,称他的继承根据新的民法是不合法的。既然陈松云现在不能成为陈奎根的宗祧嗣子,他们就推论说,他也不能继承奎根的财产。

当这个案件被送到最高法院时,法院对法律做了详细的辨析,以纠正侄孙们的论点。最高法院回答说,新民法确实没有涉及宗祧继承,但也没有禁止它。陈松云完全有权成为陈奎根的嗣子,但是由于宗祧继承不再决定财产继承,陈松云作为陈奎根嗣子的身份并没有给他任何继承财产的权利。陈奎根的田产必须留给民法中规定的法定继承人,在这一案例中就是死者的两个女儿。(《最高法院判例汇编》,1929—1937,28∶105—109)

然而,这并不是说,一个指定的嗣子在民法中没有丝毫财产权利。指定嗣子毕竟也是一种领养。民法的确承认领养并赋予养子女法定的财产继承权。因此一个指定的嗣子是否有权得到他养父的财产,取决于他何时和怎样取得养子的身份。

如我们所看到的,在此之前死后领养在法律上都是合法的,在民间惯行中也是相宜的。但是新的民法采纳了来自国外法律模式的原则,即只有在生前才能领养子女。结果任何在当事人死后由族人指定的嗣子都不能取得养子的身份(《司法院解释例全文》,1946:第907号)。这正是最高法院判决陈松云没有继承陈奎根财产之权利的理由。根据民国民法,他不能成为已死的奎根的养子。

对于寡妇所领养的死后嗣子也是同样的情况。在明清和民初的法律中,寡妇有法律上的责任为她无子的丈夫过继一个嗣子,但现在她不仅不再有这个义务,事实上也不再有这种权利。只有夫妇一起领养的孩子才被承认是他们共同的养子(第1074条)。妻子在丈夫死后领养的任何孩子都只是她的养子和继承人,而不是她丈夫的,只能继承她的财产。(《司法院解释例全文》,1946:第851、907号)

根据法律条文,男性嗣子只有为其养父生前所立才具有养子的合法身份。只有在这种情况下,他对其养父的财产才有继承的权利,但是他的权利与其他任何养子或养女的权利没有丝毫两样。例如,如果他的养父还有女儿,那么他所得财产份额只能是每个女儿份额之一半。如果他的养父留下寡妻,那么养子将与她平分财产。只有当养父没有女儿也没有寡妻时,养子才能得到养父的全部财产。(第1142条)民法因此对生前领养的嗣子所能继承的财产也做了大大的限制。

最后,民法对一个人所能留给任何他通过遗嘱指定的继承人的财产数量也做了限制。一个既无亲生,亦无领养子嗣的人通过遗嘱来指定嗣子是相当平常的,这种做法也得到帝制时代和民国初年法律的维护。但是在民国民法中,一个人若有直系后代(子女、孙子女等)的话,就不得通过遗嘱把财产赠予他人。因此一份遗嘱如果绕过了女儿和孙女的话,就自动无效。(第1143条)

不仅如此,即使没有直系后代,一个男子也不可以把自己所有的产业留给一个指定继承人,因为其他的法定继承人——他的妻子、兄妹、父母和祖父母,也都对其财产有部分权利。健在的兄妹和祖父母对他的财产至少有三分之一的权利,他的寡妻和父母则至少有二分之一的权利。因此在最有利的情况下,一个指定的继承人最多可能得到三分之二的财产。(第1143、1223条)

亲族的重新定义

切断宗祧继承和财产继承之间的联系基于对家庭关系从根本上的重新定义。在编订亲属编和继承编的时候,民法的主要起草者,国民党中央政治会议和立法院民法起草委员会,必须首先决定亲属的构成。他们显然避开了传统的亲族定义。据他们解释,传统的亲族制度明确地区分了三种亲戚关系:"内亲",即五服之内的父系亲戚;"外亲",即五服之内的母系亲戚;"妻亲",即妻子的五服之内的亲戚。(《亲属法先决各点审查意见书》,1930)①

在这个制度中,严格的父系原则决定着亲戚的亲疏。人们通常认为一个人的父系亲属比母系亲属更亲近,因此一个儿子或未嫁女儿必须为祖父母服丧杖期一年,但只需为其外祖父母服丧五个月。同样,因为妻子与其丈夫的亲戚之关系比她丈夫与她的亲戚之关系更近,所以她必须为他的父母服最高的丧期,即斩衰三年,但她丈夫只需为她的父母服丧三个月。(吴坛,约1780:见69—92各处)。

立法者们废除了这个父系等级制度,而代之以强调平等的亲属关系。他们取消了内亲与外亲的区别,把所有的血缘亲属关系

---

① 丧制的五服为斩衰(三年)、齐衰(一年)、大功(九个月)、小功(五个月)、缌麻(三个月)。齐衰又分为两等:杖期和不杖期,前者比后者更为悲伤。"杖"是用来表明服丧者受到的打击是如此令人悲伤,以致他或她不得不拄杖而行。值得注意的是,中国的丧服术语并不明说丧期的时段,而是以丧服的样式来表明的。

压缩到一个单一的"血亲"范畴之内。这意味着一个人,无论性别,与其父系和母系亲属同样亲近。婚亲也同样平等化了:一个妻子与其丈夫的亲属之间的关系同她丈夫与她亲属间的关系是对等的。最后立法者们确立了一个单独和特别的亲属范畴"配偶",来处理夫妻之间的关系。总之,父系亲属制度的三个组成部分——内亲、外亲和妻亲被三个新的范畴——血亲、婚亲和配偶取代了(第 967 至 971 条)。

立法者们接着把血亲分为两个子类:直系血亲,即直接的祖上、子孙;旁系血亲,即由一个共同祖先联系起来的亲属,如兄弟姐妹、堂表亲戚、叔伯舅舅、姑母姨母。(第 967 条)这里同样没有在父系与母系之间做任何区别。

最后,立法者们采用了全新的标准来决定亲属的亲疏远近。他们放弃了父系丧服制度和亲等关系,而采行了罗马法的规则。根据民法的解释,直系和旁系亲等都由本人与直系亲属或共同祖先之间的世代数目来决定。因此如表 3 所示,父母和子女之间为一等亲,祖父母和孙子女之间为二等亲,兄弟姐妹之间为二等亲,堂表亲之间为四等亲,等等。

表3 民国民法中的亲等关系

直系亲属	亲等	旁系亲属	亲等
高祖父母	4	—	—
曾祖父母	3	—	—
祖父母	2	叔、姨祖父母	4

续表

直系亲属	亲等	旁系亲属	亲等
父母	1	叔伯、舅舅、姑母、姨母	3
本人	—	兄弟姐妹	2
		堂表亲	4
子女	1	侄、甥	3
孙子、女	2	侄孙、甥孙	4
曾孙、女	3	—	—
玄孙、女	4	—	—

资料来源：Civil Code, 1930：第968条。

亲等关系的重新定义在制定继承法时起着决定性的作用。首先，它完全改变了继承中的世代秩序，在此之前，财产继承的顺序总是服从宗祧继承的顺序。因为宗祧总是按照父系代代相传，所以财产的继承也服从这样的逻辑。但是民国民法不仅规定了亲子间的直系继承，也规定了兄弟姊妹间的旁系继承，甚至规定了子女对父母、祖父母的逆向继承。子女为一等亲，有继承的优先权，然后是同为一等亲的父母，接着是二等亲的兄弟姊妹，最后是二等亲的祖父母。这样一种在世代间来回跳跃的权利秩序在帝制时代是根本无法想象的。

同样无法想象的是完全无视父系和母系亲属之间的区别以及与此相应的财产必须留在男子父系族内的规定。在第六章中我们将会看到，无论已婚未婚，女儿都对这财产有新的合法权利，但那只是故事的一部分。在这些新法律下，财产可以通过其他途径从父系族内转移出去，例如通过寡妇传给她和新夫所生的孩子，或者传给她的父母或祖父母，或通过她的姊妹转入其丈夫和子女手中，或者传给孙女后转移到她的丈夫或子女手中。(如果死者没有法定继承人或遗嘱，它也可能流入国家手中。[第1185条]如法制局所解释的，民法对法定继承人范围的压缩是国民党节制资本以缩小贫富差距政策的一个组成部分。这样收归国有的财产将用于发展地方建设。[引自张虚白,1930:76])

继承法不仅对于那些法定继承人意义重大，就是对于那些被排除在法定继承人范围之外的人来说也同样意义重大。以前同族侄子有继承无嗣叔伯的宗祧及其财产的优先权，现在他不再有继承其叔伯的任何权利。如民法所规定的，只有一等亲和二等亲才有法定的继承权。① 哪怕是最亲近的侄子(三等亲的兄弟之子)，也被这条法律排除在外，更不用说远房侄子。对侄子继承权的剥夺比任何其他法律都更能说明民国民法中宗祧继承和财产继承的完全分离。

对财产的重新定义

宗祧继承和财产继承分离的基础是对财产所有权在根本上的

---

① 但是民法第1140条说"第一顺序之继承人，有于继承开始前死亡或丧失继承权者，由其直系血亲卑亲属代位继承其应继分"。由此，三等或四等亲属(曾孙和玄孙)可以继承。当然，一个侄子可以作为养子或遗嘱所立之继承人来继承。不过即使这样，如我们在本章早先看到的，他所能继承的财产份额也受到法律的限制。

重新定义。民国民法不像帝制时代的法律那样把财产看成家庭共有的。相反,以前被看作家庭共有的财产现在成了父亲个人的财产。民国民法中没有一处提到过"家产"二字,作为一个法律概念,它已经不复存在。

表面上看来,民国民法将家产重新定义为父亲的个人财产似乎只是在延续过去的法律,毕竟帝制时代和民国初年的法律也把财产所有权归于父亲,因为只有他有权管理和处分财产。但是仅仅是法律上的产权不能说明民法产权概念的真正意义。一个更为深刻的变化正在发生,要理解这个变化,必须对家庭财产的性质做更为切近的分析。

在这里,滋贺秀三对中国古代同居共财的概念所做的解释有助于我们对问题的理解。滋贺将这一概念翻译为"共同居住,共同经济"。在他看来,家产既是个人的,又是集体的。从法律的所有权角度来看,它是父亲的个人财产;但从共同居住、共同享有的集体的角度来说,它又是所有人的财产。家庭中的所有成员都属于这个集体,因为家庭财产是"家庭所有成员劳动成果的总和,也是供养所有成员的手段"(滋贺[Shiga],1978:149)。从这个意义上说,家产是家庭经济的直接物质体现。参与这一经济赋予人们共同居住、共同享有的成员资格,与这一资格相应的是一定的责任,比如为这个集体提供劳动和贡献收入,以及一定的权利,其中首先是由家产扶养的权利。

正是对家庭经济的这种关系使得这财产成为家产,而不仅仅为父亲个人所有。因此,要充分理解割断家庭经济和财产间联系的全部重要性,我们必须超越简单的法律所有权来看待取消"共同居住,共同预算"的结果:对继承和扶养的概念基础的重新建构。

财产所有权

民国民法将家庭财产定义为父亲个人的财产绝不是一个不可避免的结论。事实上,在对财产所有权作定义时,立法者们不得不面对一个困难的抉择。如他们自己所认识到的,问题的关键在于是否建立一个保存与家庭经济相关的产权制度。或者用我们关于家产二元性质的语言来看他们的选择,问题就成为是强调个人还是强调家庭集体。

有趣的是,国民党的立法者们一开始选择了强调家庭集体。1928年继承法草案规定财产由父母和成年子女共有。法制局在对此做出解释时这样说:

> 吾国实际上,父母子女多共同工作……因此种工作所得之财产,实具共有财产之性质。父母对之,虽有管理及使用之权,然仅以达共同生活之目的为限度,类无完全处分之自由。本案斟酌此种社会状态……复规定父母子女间之共有财产。(张虚白,1930:112—113)

更为具体的是,草案规定成年子女若继续与父母住在一起并对家产做出贡献的话,就享有共同拥有财产的权利。

草案在这里所建议的不是旧的家庭财产制度,而是修改过并纠正了原有的不平等的制度。在旧的体系中,只有儿子可以在分家时分得财产;而在1928年的民法系统中,女儿和儿子一样可以成为财产的共同所有者,因而在分家时享有与儿子一样的财产权利。在旧制度中,父母决定何时分割家庭财产;在1928年的制度中,共同所有者中的任何一个人,都可以随时要求得到他或她的那份财产。在旧制度中,父母有处分财产的最后权利;而在1928年的制度中,如果父母对财产的处分不明智,子女可以上告法庭,要求取消父母的处置。最后,在旧制度中,儿子们在分家时可以得到相等的份额,而不论他们对家庭经济的贡献;而在1928年的制度中,每个人在分家时所得之份额取决于他或她作为成年人的贡献,用以奖勤罚惰。(张虚白,1930:97,112—113,127—128)法制局因此希望保留家产和分家的原则,而取消过去在所有权上的不平等和对贡献不同的忽视。

1928年的草案把继承和贡献联系起来,其目的是防止家庭田产的过细分割,同时也是对女儿的继承权利做出限定,尽管国民党明确表示要实现男女平等。1928年法案的主要起草者罗鼎在1933年出版了一本论继承法的书,他在书中讨论最终颁行的继承法时坦承:

> 农民占国民之最大多数,此辈农民类皆父子兄弟通力合作,以维持其仅有之薄产……[在民法中]在被继承人关于遗产处分别无遗嘱之时,其子女不问对于遗产曾否有所贡献,不问在室与否,其所得之数额完全均等……宁得谓为公平?而此项遗产概以不动产如田土房屋等项为主,分割过微,大足减损其利用上之效能。在诸子间采绝对均分主义,从国民经济

之见地言之,是否得策?已属疑问。今更增进其分割之程度,并已未出嫁之女子亦参预于遗产之平均分配。产愈析而愈微,利用上之效能,能否不随之而愈减?而彼既已出嫁之女子,能否因在母家分得薄田数亩茅屋数椽,遽舍其夫君与子女而归耕故里,以充分利用其所分得之财产?(罗鼎,1933:3—4。关于同样的批评,参见吴瑞楷,1930:25—26)

通过在1928年草案中保留财产和家庭经济的联系,罗鼎曾希望至少能防止出嫁的女儿继承家庭财产,因为一个人作为家产的共同所有者的地位和所应得的份额完全取决于其成年(20岁)后对家庭财产所做的贡献。女儿一般在这个年龄已经出嫁,很少有机会再对家庭做什么贡献,因此在分家时即使能得到什么,也将是微不足道的。

如罗鼎的议论所表明的,民国民法的最后版本并没有把建议中的共同财产的概念包括进去。它之所以被放弃,部分是因为它给女儿的继承权留下的余地太少,另外则是顾虑到要估算每个所有者所做贡献之货币价值太具争议,会引起过多的法律诉讼。

出于大致相同的原因,1930年中央政治会议,对民国民法修订具有最终决定权的国民党机构,决定不把报偿的条款包括在继承编内。从瑞士民法中援引过来的这条法律,将会允许子女在法定的应继份额之外要求从父母的遗产中得到他或她以劳力或资产对家产所做贡献的补偿。在否决这条拟议的法律时,中央政治会议总结说,"同居共财"制度在中国是如此深入人心,在这种情况下,把报偿条款写进法律只会为无休止的诉讼敞开大门。(《继承法先决各点审查意见书》,1930)另外,中央政治会议也考虑到这样的条款将使女儿处于不利地位,从而颠覆男女平等的民法原则。(罗鼎,1933:3—4)结果立法者们选择了一个与家庭经济截然分离的财产权利制度。

在最终生效的民国民法中,家产作为父亲个人财产的设定不是通过对其原则的一般阐述,而是通过排他的过程来体现的。民法允许未成年孩子拥有财产,如接受继承或赠与。(第1087条)它也允许妻子拥有与其丈夫分开的财产(如嫁妆、继承、所受赠与和她通过个人劳作而得之报酬)。① 家庭中所有不为儿女和妻子所拥有的财产都必然是丈夫的财产,在其去世时成为他的遗产。以此类推,一个数代同堂的家庭中凡不为家庭其他成员所单独拥有的财产,从法律定义上来讲,都归最长辈的父亲所有。

继承

新民法不仅拒绝了宗祧继承,也否认了分家。对财产所有权

---

① 民国民法规定了四种不同的夫妻财产制,一种为法定的,三种为约定的。(第1004—1048条)除非夫妻双方以书面协议采纳三种契约性制度中的一种,法定的夫妻财产制度自然生效。这种所谓联合财产制根据的基本上是瑞士的法律。立法者们相信这种制度"于我国情形亦称适合"。在他们看来,这是在维持共同生活和保护夫妻双方个人利益及权利之间的一个理想的平衡。(《亲属法先决各点审查意见书》,1930)这体现在第1016条中,该条称:"结婚时属于夫妻之财产,及婚姻关系存续中夫妻所取得之财产,为其联合财产。"但是这是一个不平等的联合,因为财产权利的大部分归于丈夫。三种约定的财产制是共同财产制、统一财产制和分别财产制。所有这四种财产制将在我下一本关于帝制后期和民国时期的婚姻和离婚的书中加以研究。

性质的重新定义必然会导致财产在世代转移的方法上的变迁。民法认定财产从上一代向下一代的转移纯粹是继承遗产(postmortem inheritance)。父亲生前对"他的"财产具有排他性的所有权。而当他去世时,他的财产将转移给他的继承人。(第1147、1148条)如果他有一个以上的继承人,这财产就归他们共同所有,直至分割遗产。(第1151条)所有继承人都可以在任何时候要求分割遗产。(第1164条)

民法对继承的规定在司法界引起了极大的混乱。在民法继承编于1930年末颁行后,司法院收到了一连串来自地方官员、法官和各省律师协会的质询,要求澄清混淆。江苏启东县县长提出的两个问题具有很大的代表性。他问道:"父或母将财产分给于子之时期是否即为财产继承开始?"他又问道:"父母亡故时有子数人,虽已承管遗产,尚未立据分析,是否即为继承开始?抑须于异日伊子分产时方得为继承开始?"(《司法院解释例全文》,1946:第465号)

这两个问题尽管侧重点稍稍不同,但都表明提问者力图把继承遗产的新颖概念装进人们熟悉的分家框架中去。两个问题问的都是民法所定义的继承是否与民间所实践的分家是一回事。对这两个问题,司法院的回答是,继承始于父亲的亡故,而不是始于分家,无论分家发生于何时。

因此在家庭财产和分家的框架内,最为关键的时刻为分家。这可以发生在父亲的生前,也可以在其死后。继承和分家是同时发生的,因为财产正是通过分家发生了继承转移。但在个人财产和遗产继承的框架内,最关键的时刻是财产所有者的死亡。根据定义,继承只能发生在死后,而不可能在生前。不仅如此,继承和分割财产还被看成两个互不相干的事,后者如果要发生的话,只能在继承之后。遗产继承和分家按着截然不同的逻辑运作。

扶养

对家产的重新定义还有更为微妙的效果,但这绝不是次要的,它改变了家庭成员扶养权利的性质。在帝制时代和民国初年的法律中,同居共财的家庭集体中的每个成员都有权享受家产的扶养,不论掌管家产的人是谁,辈分如何,如祖父、父母或兄弟等。但是民国民法不承认基于家庭成员资格而产生的对家产的任何权利要求。家庭财产曾被同时看作父亲私有和家庭共有的财产,现在则成为父亲一人独占的财产。

这一变化又对法律中有关扶养的原则提出了修改的要求。在民法亲属编的"扶养"一章里,四类人有相互扶养的义务:直系血亲,夫妻之一方与他方之父母同居者,兄弟姐妹,以及家长和家属。(第1114条)

这四类人可以简化为两个范畴,一个基于血缘关系,而另一个基于共同居住的关系。第一类包括了一个人最亲近的血缘亲属:直系长辈(父母、祖父母等等)、未成年的直系晚辈及兄弟姐妹。当然,这一范畴所强调的近亲概念不再是原来的父系近亲,而是民国民法所定义的新的概念,它同时包括了父系和母系的祖父母、孙子女和外孙子女、兄弟和姐妹。

对所有其他的血亲和姻亲,受扶养的权利完全取决于他们是否与扶养者居住在一起,如民国民法所指出的"以永久共同之生活为目的"(第1122、1123条)。如果他们和可能的扶养者并不住在一起,他们就没有受扶养的法律权利。

从根本上来讲,民法的规定对扶养的概念基础做了一个激进的变革。以前扶养的权利和财产相联结,现在它则与人相联结,或是通过血缘关系,或是通过家庭成员的共同居住关系。因此,民国民法中的扶养与先前法律中的扶养,有着两种不同的运作逻辑。

根据国民党立法者们的预想,在妇女继承权的面前有三大障碍:承祧、父系家庭和"财产即家产"的观念。因此,他们把财产继承和宗祧继承分离开来,平等对待不同的亲属关系,并把财产与家庭经济分离开来。他们通盘采纳了西方的个人财产和遗产继承的概念。在这破旧立新的过程中,立法者们充分希望他们的现代民法会给妇女权利带来史无前例的进步。

第五章
民国民法中寡妇的继承权

　　从民国民法本身来看,民国立法者们实现了他们为自己确立的目标,继承编中没有丝毫性别差异的痕迹,更不用说性别歧视。妻子和丈夫同为配偶,女儿和儿子同为直系血亲辈亲属,母亲和父亲同为父母亲,祖母和祖父同为祖父母,等等。如一位评论者所指出的,男女平等的原则是如此深刻地体现在法律的语言本身中,以致没有必要去刻意强调法律不分男女一律适用。(刘郎泉,1931:21)男女平等在成文法中得到了彻底的实现。

　　当时的人们一致称赞民法的继承编摧毁了几千年来的封建压迫,有人称其为一项"亘古未有之大改革"(《时事新报》,1929.5.24)。另一位评论家称其为妇女的"好消息",并说"一声晴天的霹雳竟震破了四千年沉腐的空气"。(刘郎泉,1931:13,17)即使是民法的强烈批评者也无法否认继承编把妇女权利推进了一大步,他们质疑的仅仅是这一进步对别人来说,特别是对儿子们来说,代价或许太

高。(《申报》,1929.10.16;罗鼎,1933:3—4)

　　事实证明,人们对民国民法及其对妇女的财产权利的影响的评价太过乐观。这并不是因为法庭在司法实践中没有遵行新法律。事实上,在我所研究的案件中,没有一个法官在判案时故意违背民法,在妇女现在之应得的权利上打折扣。在这一方面,继承案件不同于离婚案件。在离婚案中,法官有一定的处置权力。如我在以前的研究中所发现的,法官倾向于运用这种权力来否决妇女的离婚要求,由此在立法者们宣布的婚姻问题上男女平等的意图与实际的司法实践之间形成差距。(白凯[Bernhardt],1994)继承编未给法官留下这样的余地,它以公式般的语言阐明了各合法继承人的相应权利。在继承案件中,法律意图和司法实践之间因此相吻合,这是离婚案件中所看不到的。

　　然而问题在于法律本身。民国民法并没有把现存的财产权利简单地扩展到妇女身上。一个同样根本的变化也在发生作用,即用根据西方模式构筑起来的新的财产和继承的概念框架来取代宗祧继承和分家的概念体系。这样,虽然妇女被赋予平等的财产继承权,但这种权利的性质本身已被重新构造了。

　　民国民法因此体现了两个原则:男女平等,以及西方概念中的个人财产和遗产继承。立法者们把这两者看作不可分割地联系在一起的事物,对他们来说这是一个信仰问题,只有全盘采用西方的个人财产概念,男女平等才能实现。他们没想到正是因为他们采用了这个原则,妇女在新的民法秩序中才没有得到完全的继承权利。我们将会看到,这两个原则应用于中国的实际,有时候会是南辕北辙的。

对新民法中妇女继承权的检讨不仅可以告诉我们新民法中这两条基本原则的冲突所在,也能让我们有更充分的机会来探讨前一章所揭示的不同的财产逻辑。虽然新民法也触动了男性的权利,但他们仍享有完全的继承权,一如往昔。因此如果把注意力集中在他们的权利上,我们对这两种权利制度的概念基础之间的不同就只能浅尝辄止。而因为妇女的权利发生了最大的变化,在这里我们才会看到这两套逻辑之间最强烈的对比。

妻子作为法定继承人

根据民国民法,妻子有权继承其丈夫的财产,正如丈夫有权继承妻子的财产一样。在1930年,中央政治会议解释了与历史传统决裂的理由:

> 我国旧律妻对于夫无继承遗产之权,所谓无子守志得承夫分者,不过暂行管理而已。而夫对于妻,虽无明文规定,然习惯上妻之财产与夫之财产不分,妻亡之后其遗产即为夫之所有。……此关于夫权制度不合于现代思想者一也。我国旧律唯继承宗祧者,始得继承遗产,二者不能分离,故配偶无遗产继承之权。由今观之,宗祧继承为奉祀权之嗣续问题,遗产继承为财产权之移转问题,命意不同,无庸牵混,此关于宗祧制度不合于现代思想者二也。(《继承法先决各点审查意见书》,1930)

中央政治会议总结说,男女平等的原则要求把财产继承从宗祧继承中分离出来,使丈夫和妻子享有继承配偶的同等权利。

配偶相互继承权的原则建立起来以后,第二步要做的就是决定配偶在法定继承人中的位置。对国民党立法者来说,关键问题是,是采用日本的民法,让子女优先于配偶呢,还是采用德国和瑞士的民法,让配偶和子女同时继承?(《继承法先决各点审查意见书》,1930)他们采用了后者,其理由早在1928年法制局起草继承编时就已说明:

> 然夫妻间之关系,与亲子间之关系,孰更密切,颇不易于判别。且男子创产立业,得力于内助者……一朝配偶亡故,生活费用,即须仰给于其儿孙,甚至有时为维持一家之和平与秩序,不得不听命于儿孙。不惟有背崇德报功之义,人情上亦似有所不忍。(张虚白,1930:77)

要在妻子和子女的需要之间求得一个平衡,就有必要允许妻子和其他法定继承人包括子女同时继承遗产。

在民国民法中,第1138条和1144条是关于配偶对他人财产的权利。第1138条说:"遗产继承人,除配偶外,依左列顺序定之:1.直系血亲卑亲属[子女、孙子女等];2.父母;3.兄弟姊妹;4.祖父母。"第1144条则解释财产如何在配偶和其他法定继承人之间分割。如果配偶与第一等继承人,即直系后代血亲,同时继承遗产,她或他将得到与其他继承人相等的一份。例如,一个寡妇和三个子女将各得其亡夫/亡父之财产的四分之一。如果一个配偶与第二等或第三等继承人,即父母或兄弟姐妹,同时继承遗产,那么她或他将得到遗产的一半,而其他继承人共得另一半。如果一个配偶与第四等继承人,即祖父母们,共同继承遗产,那么她或他将得到遗产的三分之二,而死者的祖父母只得三分之一。如果没有任何其他继承人,则死者的未亡人继承全部财产。

寡妇对其法定继承之份额具有绝对的所有权,她在自己有生之年对这财产有权任意处置,她可以带着这财产再婚,或将其出卖和赠与任何人。若她死了,这财产将传给她的法定继承人:她的子女、她的父母、她的兄弟姐妹,或她的祖父母。

从表面上来看,关于配偶的严格遵照男女平等原则的法律条文对寡妇而言好像是一个绝对的进步,正如立法者们所期望的那样。但如果把法律条文和法庭记录对照起来观察,在我们面前就呈现出一幅不同的画面。这些变化对寡妇法定的财产权利来说充其量只有含混的意义。西方的财产和继承概念,一旦行之于法庭实际,就产生了立法者们意想不到的结果。到头来他们制定的现代民法在某些情况下给予寡妇的权利甚至少于在他们看来远为落后和压迫的封建时代所给予寡妇的。

其中一个意想不到的结果是并非所有的寡妇最终都享有相同的权利。我们必须在寡妻和寡媳之间做一个区别。她们之间唯一的区别是家庭中死亡的秩序。如果一个女人的丈夫死于他的父亲之后,她就是寡妻;如果她的丈夫死于其父亲之前,则她就是寡媳。我们在此之前的讨论没有必要在寡妻和寡媳这两者之间做什么区别,因为在先前的法律中,所有寡妇无论家中的死亡秩序如何,基本上都享有相同的权利。现在我们则必须做这样的区别,这本身就表明新民法的财产和继承概念与先前的法律极为不同。

寡　妻

在第二章里,我们看到从宋至清对强制侄子继嗣的巩固如何产生了悖论性的效果,从而增进了寡妇对其亡夫财产的监护权,尽管它剥夺了她的一切继承权利。现在我们将要看到宗祧继承法律的取消是如何产生相反的效果的,它赋予了寡妇继承其亡夫财产的权利,但同时剥夺了她对财产的一切监护权。新民法对财产的重新定义尽管使寡妻得到了某些权利,却也使她们丧失了另一些权利。

1931年5月5日新继承法的施行对寡妇关于财产的诉讼产生了戏剧性的效果。在帝制时代,如我们所看到的,寡妇卷入承祧纠纷是继承诉讼中单一的最大类。在本书研究的430个案件中,79%涉及宗祧继承,其中60%的案件中寡妇是诉讼人,或者说寡妇诉讼几乎占了所有案件的一半(47%)。

在国民党的新法律秩序中,法庭不再接受这类案件,因为民法不承认宗祧继承是世代间财产转移的合法方式。证据表明,法庭,至少是那些设在大城市的法庭,严格奉行新的民法体系,只受理那些业主死于新继承法生效以前所发生的承祧纠纷。例如1930年代至1940年代,北平地方法院受理的118个继承案件中有5个涉及为死于1931年5月5日以前的死者立嗣,法庭对这5个案件严格地按照大理院的判决来审理。法庭记录中没有任何一个关于立嗣案件的死者是死于这个日期之后的。承祧诉讼案实际上在法庭的日程上消失了。

承祧在正式司法领域里的消失在成文法和民间惯行之间留下了巨大的间隙,在这样做的时候,寡妇在选择继承人的斗争中被剥夺了一项重要的资源。虽然民国民法施行了,但是宗祧继承在社会实际生活中仍然很顽强(例见仁井田编,1952—1958;多贺,1960),应继和爱继之间的冲突也同样如此。根据帝制时代和民国初年法律维护寡妇根据自己意愿选择继承人的权利的原则,在寡妇同其亡夫的亲属的争执中,法庭总是善待寡妇,站在她们一边。由于新民法取消了这种支持,我们可以推断,寡妇在面对他人的压力时会难以抗衡。

现在法庭日程上安排的都是关于遗产继承的案件。这一变化也导致了诉讼人的变化。先前宗祧继承决定财产继承的时候,一个寡妇在法庭上面临的对手主要是她夫家的亲戚,即作为潜在嗣子的她丈夫的侄子及他们的父亲,这些人在承祧立嗣纠纷中涉及最大的利益。现在她最经常的争执对象是她自己的子女和孙子女。

比如在1942年,60岁的寡妇杨董永贞在北平地方法院状告她29岁的儿子,指控他挥霍她亡夫的财产。① 在她提起诉讼时,家中唯一剩下的财产就是房子了(价值20 000元),她害怕这房子也将被她儿子挥霍掉。因此她请求将房产出售,并按法律将房款在她

---

① 在民国时期,已婚妇女在法庭记录上用全名,即夫姓、父姓加本名。

和儿子之间平均分割。她儿子同意这样分割,母子俩据此在法庭调解的协议上签字。(北京地方法院:1942-6772)

另一个走上法庭去捍卫自己新近获得权利的寡妇是北平的常黄氏。常黄氏在1940年代早期成功地为自己争得了其丈夫的一半财产(包括一幢房子,5.2亩房基地和1220亩农田)。她的丈夫常润峰是前清的太监,没有子女,夫妇俩领养了常润峰兄弟在襁褓中的儿子为嗣。1935年常润峰被土匪绑票遇害。第二年,1936年,嗣子常振泰亦去世,留下一妻二子。根据先前的法律,常润峰的全部财产都将归他们所有,但根据新的民法,他们应与常黄氏分享这笔财产。(北京地方法院:65-22-1260)

虽然寡妻从民法中获得了继承遗产一部分的权利,但她同时丧失了曾经拥有的对所有家产的监护权。如我们所看到的,寡妇在帝制时代的法律和社会惯行中作为其丈夫的代表,在丈夫死后对家产拥有强有力的监护权。儿子们若不经他们寡母的同意,无论年龄多大都无权处置家庭财产。同样,没有她的同意他们也不能分家,因为分家和财产继承在家庭财产制度中是密不可分的。她有权决定何时分家,也就是有权决定继承财产的时机。

在民国民法中,寡妇不再是一种特殊的法律身份,而拥有自己独特的权利和义务。事实上,民国民法在继承编里不用"寡妇",甚至不用"妻子"这样的字眼,而倾向于用性别中立的"配偶"。一个寡居的妻子不再具有对家产的特殊关系。从法律上讲,她只是她丈夫继承人中的一个,她的权利并不比任何其他继承人多。

作为继承人中的一个,寡妻不再有权决定何时来分割家产。根据民国民法的逻辑,继承和分家是两件不同的事。继承始于财产所有者的死亡,在这之后,任何继承人都可以要求分割遗产,寡妻无权阻止。换句话说,她现在面对儿女或其他任何继承人的分家要求毫无招架之力。

这两个法律制度之间的差别,以及寡妻在其中的不同地位,是1942年寡妇祁韩氏和她的已出嫁女儿间诉讼案件的核心。祁韩氏的丈夫祁恩启死于1942年11月25日,留下寡妻和四个子女——两个儿子和两个出嫁的女儿。第二年,一个女儿对母亲提出诉讼,告她拒绝分给她于法应得之五分之一的家产。祁韩氏以寡妇对分家的监护权来为自己辩护。她声称家产将保持完整,以对她提供赡养,在她死后将在儿子间分割。事实上,她和两个儿子在其丈夫死后三天就签了这样的一个协议。根据协议,无人有权要求分家,特别是已出嫁的女儿。

这样的协议作为寡妇对家产的监护权的书面表达,在清代的法律中是完全合法的,但在新的民法中就不同了。地方法院法官在判决时解释说,根据新的法律,继承始于财产所有者死亡之时。与继承相伴随的是继承人在任何时候都可以要求得到属于自己合法份额的权利。祁韩氏仅仅是继承人中的一个,不能决定何时分割财产,特别是,如法官所指出的,她不能决定把继承推迟到继承人中的一个(她本人)死后。法官据此判定寡妇败诉,而她的女儿胜诉。(北京地方法院:1942-5210,1942-5705)

其他寡妻也发现她们不再有权决定继承的时机。1942年,一个66岁的北平寡妇刘胡氏在一场由她23岁的孙子刘文治起诉的官司中败诉。刘胡氏和其丈夫刘欣亭共有三个孩子,两个女儿现已出嫁,一个儿子,即刘文治的父亲,已死。刘欣亭死于1939年,留下一栋十间房间的房子、十亩地、一爿商店、三间出租铺面。寡妇反对孙子的要求,除了其他理由,她还争论说在付清丈夫留下的债务后,家产所剩仅够她生活,所以她不想分析家产。

北平地方法院法官在判决时告诉刘胡氏,继承在她丈夫死亡时就已经发生了。她和她的两个出嫁女儿,以及作为她已死儿子的唯一后代的刘文治,各得一份相等的遗产。不仅如此,刘文治还有权在任何时候从家产中拿走属于他的那一份。法官因此命令刘胡氏把四分之一的财产移交给她的孙子。(北京地方法院:1942-1610,1942-3931)

虽然寡妻在法庭上最经常面对的是她们的子女或孙子、孙女,但她们有时候也会碰到其他的法定继承人要求得到他们在遗产中的合法份额的情况。如民国民法所规定的,如果丈夫没有直系后代,那么他的寡妻将同他的父母、兄弟姐妹,或他的祖父母共享他的遗产。因此1942年一个北京寡妇韩孟佑卿被其丈夫的姐姐韩增荣告上法庭。由于她丈夫没有直系后代,而他的父母已死,他的姐姐作为第三等继承人,有权得到他财产的一半,另一半则归寡妇韩孟佑卿。眼看胜诉无望,寡妇同意通过协议将丈夫财产在两人之间平均分割。(北京地方法院:1942-7629)

北平寡妇吴崔氏也面临着相同的挑战。她的丈夫死于1941年,留下她和两个兄弟、一个妹妹。1942年,两兄弟中的一个,吴钟需,在北平地方法院向她提起诉讼,要求得到六分之一的财产。他这样要求显然有法律根据。因为他的哥哥没有子女且父母双亡,所以他的财产应该分为两份,一半归寡妇所有,另一半给三个兄弟姐妹,即他们三个每人得六分之一。在这种情况下,寡妇无法否认她丈夫的一个兄弟的合法权利,于是辩护时她集中精力去证明吴钟需还是婴孩时就出继给了别人,并且从未像他所称的那样"归宗"。结果寡妇打赢了官司,只是因为她说服了法官,使他相信吴钟需已不再是吴家成员,因而也不再是她亡夫的兄弟。(北京地方法院:1942-4879)

上述这个案例中已发生和未发生的情况都具有说服力。在过去,一个男子若想要得到他死而无嗣兄弟的财产,必须在承祧上做文章。他本人限于昭穆辈分而无权嗣继他的兄弟,因而也没有任何权利继承他兄弟的财产,他只能代表他的儿子,或代表他的侄子来提出诉讼。但是在这个案例中,没有人提出承祧或侄子的权利,因为民国民法对这两者都不予承认。因此吴钟需根据新的民法中兄弟姐妹的法定继承权(当第一等和第二等继承人,即直系后代和直系前辈都没有的时候),为自己提出诉讼。

反过来,在过去,一个寡妻处在吴崔氏的地位时,有法律上的责任从其亡夫的侄子中为其亡夫择嗣。但在这个案例中,没有人提到立嗣的问题。事实上,在新的法律制度下,即使她想这样做也不可能,因为她所过继的任何孩子都将是她的,而不是她丈夫的继承人。因为不能用继嗣的方法来对抗她亡夫兄弟的要求,所以吴崔氏只能争论说吴钟需不是她丈夫的兄弟。新民法中宗祧继承和财产继承的分离完全改变了一个寡妇和她亡夫兄弟间争执的性质。

在民国民法中,寡妻赢得了继承人的地位,但失去了监护人的资格。民国民法严格坚持男女平等确保了妻子继承丈夫财产的权利,正如丈夫有继承妻子财产的权利一样。但与此同时,在男女平等的名义下,宗祧继承的原则被颠覆,民法也相应地取消了寡妇所特有的权利,即在丈夫死后成为家庭财产监护人的权利。一个寡妇不再享有作为寡妇的特殊地位,她现在仅仅是一个妻子。

寡　媳

如果说民国的民法对寡妻来说至多只是利弊参半,那么对于寡媳,即那些在数代同堂的家庭里与亡夫父母住在一起的妇女来说,它不啻一个灾难。因为民国民法不仅剥夺了她们在旧法律下所享有的监护权,而且未能给予她们寡妻所享有的继承权。

对寡媳的完全剥夺虽然不是出于民法的本意,却是体现在民法中的截然不同的财产和继承概念的逻辑结果。在帝制后期和民国初年的法律中,财产被认定为家庭的财产,每个儿子都有一份。如果一个儿子死了,他的那一份将在分家时被给予他的男性子嗣。如果他没有男性子嗣,这份财产就由她的寡妻(只要她未再醮)监护。不论他死于他父亲之前或之后,他的寡妻对其在家产中的份额都有此权利。即使她的丈夫死于他父亲之前,她在分家时仍对其丈夫在家产中的份额拥有此权利。

然而在民国民法中,如果一个已婚的儿子在他父亲之前过世,他的寡妻在公公死时就不能得到任何财产。对寡媳继承权的否定是民法中个人财产概念的逻辑结果。由于家庭财产现在被视为父亲个人独占的财产,当父亲活着时,这财产没有儿子的份。因此,如果他死于父亲之前,他就不能得到任何家产以留给他的寡妻。

当他父亲死时,他的财产将只分给他的法定继承人(他的寡妻,他健在的子女或孙子女,等等)。一个寡媳对此毫无权利。①

这正是北平一个 36 岁寡媳屠贾静园所遭遇的命运。1941 年末,她和 14 岁的儿子屠桂芬向北平地方法院提起诉讼,状告她的两个姑娘(她公公屠逊庵的女儿),屠宝玫和刘屠宝玢,和她公公的 57 岁的妾——屠刘氏。诉讼的标的是对屠逊庵财产的分割。屠逊庵是一个前清官僚,在长期的官宦生涯中积累了大量财富,他于两年前去世。寡媳屠贾静园争论说她公公的财产应分作五份,一份归她,一份给她的儿子,两个姑娘各得一份,还有一份给屠的寡妾养老。

北平地方法院判决寡媳败诉。因为她的丈夫比她公公早死十年,所以她对她公公的财产没有任何权利。和她公公的寡妾一样,她所能得到的最多只是一笔赡养费(这一点我们后面再讨论)。法官命令将屠逊庵的遗产分成三份,屠贾静园的儿子(屠逊庵的孙子)得到一份,其余两份则分给两个姑娘。(北京地方法院:1942-556)

为了凸显法律中的这个漏洞,让我们来假设屠贾静园的丈夫死于他父亲之后的情况。在这种情况下,当屠逊庵死时,他的财产将在他的三个子女,即一个儿子、两个女儿之间均分。然后当儿子死时,他的那份财产将由他的寡妻和儿子桂芬来均分。这样,屠贾静园作为寡妻将得到屠逊庵财产的六分之一(她与她的儿子分享

---

① 这与 1928 年继承编草案中的规定有所不同。草案允许配偶一方在这种情况下继承另一方的法定份额,就像子女可以继承父母的份额,如果父母死于祖父母之前的话。(张虚白,1930:80)这一规定后来修改为只有直系后代可以享受这样的权利。

她丈夫所得的三分之一家产)。但是现在,仅仅是因为她的丈夫死于其父亲之前,屠贾静园什么也得不到。

在最高法院1932年审理的一个上诉案中,寡媳权利在旧法律和新法律之间的不同暴露得淋漓尽致。在这个案例中,家住江西南昌的寡妇柯魏氏对她亡夫的两个兄弟和另一个兄弟的寡妻就分割死去公公的财产提起诉讼。她争论说作为一个无子女的守贞寡妇,她有权得到她丈夫应得之家产的一份。她的姻亲则争论说因为她的丈夫死在其父亲之前,所以她对这财产没有任何权利。对审理上诉的最高法院的法官来说,案情的关键是寡妇公公去世的日期。如果他死于新民法颁行之前,那么他的寡媳柯魏氏就有权得到她亡夫应得之家产的一份,正如她所要求的那样。如果他死于新法颁行之后,那么柯魏氏就没有这样的权利,就像她的姻亲所强调的那样。结果法官们确认了她的公公死于新民法颁行之前,于是根据旧法律判给她其亡夫应得的家产。但他们也明确告诉她,如果她的公公死于新民法颁行之后,她就什么也得不到。(《最高法院判例汇编》,1929—1937,13:21—24)

有子女的寡媳要比没有子女的寡媳的处境好得多。如前述屠寡媳的情况,虽然她们本人没有继承的权利,但她们的子女,作为死去公公的孙子女有继承的权利。所以她们至少是幸运的,因为有子女可成为她们生活的依靠。

无子女的寡媳甚至连这样的后路也没有。根据民国民法的规定,她们不能通过过继来得到她们公公的财产。如前所述,一个妻子在丈夫死后所过继的任何子女都不被认作丈夫的子女和他的法定继承人。据此,他们也不被视为她公公的孙子女,因此对她公公

的财产没有任何权利。(《司法院解释例全文》,1946:第851号)

根据民国民法,寡媳所能要求的最多只是她夫家对她的继续赡养,即使这一点也是有条件的。如前一章所解释的,民法第1114条规定四类人有相互扶养的义务:1.直系血亲;2.夫妻之一方,与他方之父母同居者;3.兄弟姐妹;4.家长和家属。寡媳的扶养属于上述的第二类和第四类。这两类的共同要求是受扶养者必须与扶养者住在同一个屋檐下。因此寡媳能否从她公婆那里得到扶养的权利(属第二类),或当公婆已死时从她亡夫的兄弟那里得到扶养的权利(属第四类),就完全取决于她是否仍和他们住在一起。若她因任何理由而迁出别居,他们的扶养义务就终止了。

最高法院在1933年的一个判决中对这一点表达得很明确。江苏仪征县26岁的年轻寡妇向本曹对她现居湖北汉阳的公公和姻兄弟提出诉讼,状告他们的各种虐待和侮辱,并要求法庭判决他们提供扶养费让她别居他处。最高法院拒绝了她的要求,指出公公对寡媳、叔伯对寡嫂和寡弟媳的扶养义务只限于双方住在一起。"若不同居则不问其原因如何皆不得有请求扶养之权利"。(《最高法院判例汇编》,1929—1937,27:12—14)

在1933年的另一个判例中,最高法院走得更远,认为寡媳即便被其姻亲赶出家门,也不能要求他们扶养。在这种情况下,恰当的做法是由寡妇提出同居的诉讼,迫使她的姻亲让她返回他们的家。一旦实现了这一点,他们当然就有法律义务来扶养她。(《最高法院判例汇编》,1929—1937,21:105—107)

民法中这一同居的要求对寡媳来说是雪上加霜。因为在过去,如果她们搬出别居,只要法庭认为她们这样做有充分的理由,她们就可以期望从姻亲那里得到扶养。例如陕西咸宁县知县樊增祥在1890年代对寡媳翁车氏做出了有利的判决。翁车氏要求法庭允许她和两个女儿搬出她公公翁慎修的家。樊增祥认为寡媳和她的姻亲间关系已经如此恶劣,若强迫他们继续住在一起,只会产生更多麻烦。他因此命令翁慎修拿出十分之三的家产,让其寡媳和她的女儿自立门户。他还特别说明寡媳翁车氏只能用这份家产的利息来生活,而无权出售、典当这份财产,也不能在女儿出嫁或她本人过世时把它传给她们。(樊增祥,1897:43—44)

民国初年的法律和清律一样,给寡媳留下了一定的法律活动空间(《大理院判决例全书》,1933:254)。在1920年代中,新寡的马张氏用了基本相同的理由从她十分不情愿的公公马邻翼手里得到了价值13 500元的扶养费。京师地方审判厅、京师高等审判厅和大理院都认定由于几年前她与丈夫马骞之间的一场恶性的离婚官司,马张氏无法在夫家住下去。这场离婚诉讼由马骞提起,但被判败诉,事后马骞和马邻翼一直拒绝马张氏搬回居住。现在马邻翼称他愿意让寡媳住回来,并争论说公公没有义务扶养不住在一起的媳妇。京师高等审判厅在其判决中提醒他说,扶养的义务取决于一个人的身份。马张氏仍是马骞的妻子、马邻翼的媳妇,只要她仍旧持有这双重的身份,她就有权得到扶养,而不论她住在哪里。(京师高等审判厅:239-7956;北京地方法院:65-5-369-385,65-5-458-463)

一旦同居成为寡媳有权得到扶养的唯一条件,法官甚至不必再去探讨分居的原因或评估诉讼双方和平共处的可能性。例如,在1942年北平的一个扶养案例中,30岁的寡媳邓李秀葵状告她的公公和其妾对他们夫妇如何虐待和凶狠,以致她的丈夫得病而死。她害怕自己也会遭到同样的命运,因此跑回在通县的娘家。她的姻亲对她提出反诉来加以报复,指控是她泼悍刁横气死了丈夫;还指控她不守寡妇本分,经常穿着光鲜离家外宿。对审案的法官来说,所有这些控词真实与否无关紧要,寡妇和她姻亲之间的明显仇视也与断案无涉,唯一重要的是她已不再与他们住在一起。因此根据法律,他否决了她提出的扶养要求。(北京地方法院:1942-6931,1942-7097)

对寡媳的这个新的要求是民国民法对扶养权利重新规定的结果。在过去的法律中,一个人受扶养的权利不仅仅基于亲属关系或同居关系,而且是建立在"同居共财"的集体成员资格之上的。作为该集体的成员,他或她有权得到家产的扶养。与民国民法中的用法相对照,"同居"并不能按其字面意义仅仅理解为住在同一个居所。如大理院曾经在另一场合解释过的,与同居相对的不仅仅是"异居",而是"分财异居"。(《大理院判决例全书》,1933:209;并参见仁井田,1942:350—352;滋贺,1978:111—112)只要家产还未分析,一个人无论住在哪里都被看作家庭中的一份子,作为同居共财集体中的一员,他或她就因此对这个集体享有充分的权利和义务。正是根据这个逻辑,寡媳在过去的法律中享有受扶养的权利,即使她已不再与夫家姻亲住在一起。除非她重回娘家并与娘家同财共居,或再嫁到另外的家庭,她仍是她夫家的成员,并因此有权得到夫家财产的扶养。

但是一旦家庭财产成为父亲的个人财产,扶养的权利就与财产脱钩,而只与人相关。民国民法关于扶养的两个要件,亲属关系和共同居住,都体现了这种特征。因此当扶养是基于亲属关系时,一个无力养活自己的人有权得到他兄弟的扶养。这一权利针对的是他兄弟本人,而不是他兄弟所拥有的财产。从民国民法的立场来看,这两人是否同属一个同居共财的家庭,或他们是否已经分家建立了各自的同居共财的家庭,是无关紧要的。

同样的,当扶养是基于共同居住时,家属有权得到家长的扶养,这一权利针对的也是家长本人,而不是他或她所拥有的财产。不仅如此,"同居"在民国民法中指的也只是共同居住;它绝不是同居共财的简称。正因为如此,一旦同居终止,家长提供扶养的义务也就相应终止。正是根据这一逻辑,在民国民法中,寡媳只有在继续住在夫家时才有权得到夫家的扶养。 132

与立法者们所声称的相反,民国民法给予寡妇的权利并不一定比她在"封建的"过去所享有的多。确实,新的民法继承编赋予了寡妻得到一份她丈夫遗产的权利,但其代价是她丧失了对所有家产的监护权。贯穿着西方财产逻辑的民法与过去的法律不同,它没有给寡妇留下监护家庭财产的任何特殊权力。家庭财产现在被看作她丈夫的个人财产,她对这财产所可能有的权利不比任何其他法定继承人多出分毫。

同样,以西方逻辑为基础的民法也没有给寡媳留下任何财产权利。以前她可以继承她丈夫在家产中之份额,即便她丈夫死于其父亲之前。而将家产重新定义为她公公的个人财产意味着现在她对这财产没有任何法定的继承权利。由此她完全丧失了在旧的法律制度下所享有的监护权,却没有得到寡妻从新民法中所得到的继承权。同样地,根据重新定义的扶养权,她从夫家得到扶养的权利被严格限定在同居的范围内。因此寡媳在民国民法中遭受了双重的损失。

第六章
民国民法中女儿的继承权

根据民国民法的文字规定,女儿在中国历史上第一次享有和儿子一样的继承权。但是在实践中,如对寡妇一样,法庭给予女儿的权利要少于民法所规定的。女儿与儿子平等享有的权利结构不是建立在旧的财产概念上,而是建立在西方个人财产概念上的。

如我们所看到的,国民党立法者们断然相信只有采纳西方的财产逻辑,性别平等才能完满实现。在抽象的层次上,这样的思路并没有错。但一旦行之于一个长期以来习惯于家庭财产逻辑的社会,意想不到的问题就产生了。

本章将首先检视国民党在1920年代后期为确立女儿平等继承原则而努力时遇到的困难。顽强的抵抗来自最高法院,最高法院运用其司法的解释权,依照家庭财产的概念来阻挠国民党的努力。从这里,我们可以看到家庭财产和个人财产间不同逻辑的冲突是威胁男女平等原则的一个方面。

这场较量以国民党的胜利而结束,女儿平等权利的原则被1929—1930年的民法采纳。在接下来要讨论的法庭案例中,我们将会看到法律和社会惯行事实上是相互冲突的,其结果是女儿没有得到民国民法所许诺的完全平等。虽然国民党立法者们有着良好的愿望,但把个人财产制度强加于一个仍旧按着家庭财产逻辑运行的社会中,这样的结果是不可避免的。①

平等继承诞生时的阵痛

女儿平等继承权利原则的提出比民国民法继承编的颁布要早四年。1926年1月,在广州举行的国民党第二次全国代表大会上,代表们提出了《妇女运动决议案》。该案号召妇女更积极地投身到国民革命中去,但同时也承认"最大多数的妇女,依然围困在重重压迫的牢狱中,她们离开社会太远"。因此妇女运动"领导妇女群众参加国民革命外,同时尤应注意妇女本身的解放"。为了实现这一目标,党和政府将在法律、经济、教育和社会各领域努力促进男女平等。在该案为妇女运动提出的口号中,有几个直接关系到妇女的法律地位,如"反对多妻制""离婚结婚绝对自由""反对司法

---

① 国民政府以前的两个民法草案不仅没有赋予女儿平等的继承权,而且对她们的权利做出了比明清法律更多的限制。在明清法律中,继承的次序是:(1)儿子,不论亲生或领养;(2)妻子;(3)女儿。而在1911年和1925—1926年的民法草案中,女儿的位置降到了第六,排在(1)儿子、(2)妻子、(3)直系长辈、(4)兄弟、(5)家长之后。(《大清民律草案》,5:3—4;《民律草案继承编》:6—7。载《法律草案汇编》,1973)

机关对于男女不平等的判决",最后还有"女子应有财产权和继承权"。(引自张虚白,1930:6—12)

1926年10月,国民政府司法行政委员会发布了一道命令,要求在国民党控制的省份(广东、广西、湖南、湖北)立即实施女儿平等继承权利的原则,而其他省份一旦为国民政府所收复,也应立刻实施这一原则。

但是这一命令和当年早些时候国民党的决议案都没有明确定义女儿继承权的范围。这一任务自然落到了大理院身上,1927年末该院更名为最高法院。这时的最高法院还不归国民党控制,它运用自己的法律解释权,系统地破坏了决议案的意图。它根据家庭财产的逻辑,先把已婚的女儿排除在外,又对未婚女儿的继承权加以限制。

有趣的是,决议案中所用的"女子"这一字眼给了最高法院所需要的机会,让其得以排除已婚女儿。1920年代,在受西方影响的改革者和革命者的话语中,"女子"一词在不同的语境中有两个不同的涵义:在与"男子"相对时,它指的是广义的女人,即所有女性,而不论其年龄和婚姻状态;而当与"儿子"相对时,它明白地是指女儿。

此外,"女子"一词在儒家的话语中还有更古老和严格的涵义。在这里,"女子"或常常简写作"女",不是相对男子而言,而是相对另一类女性,即"妇"而言。在这种情况下,"女"指的是未婚的女儿,而"妇"指的是已婚的女人。在这个意义上,"妇女"这一合成词,指的就是"已婚的女人和未婚的女儿"。①

由于"女子"一词具有多重意义,而国民党的决议案未能说明这个词在使用时的确切涵义,这一词的定义成为最高法院最早被问询的对象就显得毫不奇怪。1928年初,浙江金华地方法院院长问,决议案中的"女子"是指"妇女"呢,还是仅指未婚的闺女? 最高法院选择了这一词的古义,回应说"女子"在这里指的是"未婚女儿",这样就把妇,即已婚女性(出嫁的女儿)排除在外,使她们无法享有和她们兄弟相同的继承权。(《最高法院解释例全文》,1946:第47号)

为了替自己的解释找到根据,最高法院把出嫁女儿和出继儿子加以类比:"女已出嫁,无异男已出继。"既然出继的儿子对本家的财产无任何权利,法院推论说,出嫁的女儿也同样没有这样的权利。(《最高法院解释例全文》,1946:第36、47号)为了让这个类比更有说服力,最高法院用了"所生父母"这样特别的字眼来讨论已嫁女儿的父母。在先前的法律和民间话语中,这一字眼都被用来与"所继父母"相对。通过把出嫁女儿的父母称为"所生父母",而不是通常所说的"父母",最高法院就把出嫁女儿和出继儿子放在了比现存法律、祭祀礼仪和民间惯行所认可的更为同等的地位。通过这样的做法,出嫁女儿在帝制时代后期和民国初年所享有的(尽管是有限的)对绝户财产的继承权就被轻易地忽略了。当然,出继儿子是从来没有这种权利的。

最高法院对出嫁女儿的平等继承权的剥夺也为限制未婚女儿

---

① 关于这几个词的词义变化的一个精彩说明,参见巴洛(Barlow),1991。

的权利提供了一个借口。虽然最高法院一再强调未婚女儿享有与儿子一样的继承权,但是它在解释这一权利时严格遵循未婚的字面意义,即只要女儿未婚,她们就享有这种权利,但一旦女儿结婚,她就自动丧失了继承家产的权利;不仅如此,她还丧失了所有她已经继承的,其逻辑是她已经是一个已婚女儿,因此对其所生父母的财产没有继承权。据此,最高法院在1928年的一个解释中坚持,一个女儿在未婚时所继承的任何财产都是她的个人私产,但除了她所需要的嫁妆,若不经其娘家允许,她不能把其余财产带到夫家去。她首先应得到父母的允许,若父母已死,则应得到她兄弟的允许;若无兄弟,则继子;而若继子年幼,则其监护人;若无继子,则她父亲的亲族。(《最高法院解释例全文》,1946:第92号)换句话说,在出嫁时,女儿对家庭财产的权利并不比过去多,她所有的仍然只是嫁妆而已(其多寡还取决于他人)。

同一年(1928),最高法院发现了另一个理由来剥夺未婚女儿的权利。在要求澄清的问题中,有几个来自各省的问题是关于女儿继承权框架内宗祧继承的位置的:既然宗祧继承决定财产继承,而女儿现在有继承家产的权利,那么她们是否也有权继承宗祧?如果没有,那么在入继嗣子和未婚女儿之间财产应如何分配呢?

最高法院在回答这一问题时强调男性继承的原则,以此来规定入继嗣子相对于未婚女儿的权利。如果父母在生前过继了一个男性嗣子,那么家产将在未婚女儿们和入继嗣子之间平均分配。如果父母死时没有择定嗣子,那么家产的一部分留作祭产,用于祭祀,另应留出一份给在父母身后所立的嗣子。最高法院强调,在后一种情况下,未婚女儿无权得到全部家产。(《最高法院解释例全

文》,1946:第87、92、163号)

这些解释,特别是最高法院对已婚女儿继承权的否定,引起了国民党党政机构的强烈反对。1929年4月,国民政府新成立的司法院直接接管了有关妇女继承权的事务,它指控最高法院违背了《妇女运动决议案》的精神,建议国民党中央政治会议赋予已婚女儿与她们的未婚姐妹一样的权利。1929年7月31日,中央政治会议正式接受司法院的建议,颁布了一个新的法律,名为《已嫁女子追溯继承财产施行细则》(载《女子继承权详解》,无出版年代:14—21)。

细则的目的是纠正最高法院先前的错误解释。1926年1月的《妇女运动决议案》和同年10月司法行政委员会的命令是针对所有女儿的。已婚女儿和未婚女儿一样,自1926年10月起在国民党统治的省份应享有同样的继承权利,其他省份在归顺国民政府之日起也应同样办理。相应地,已婚女儿不仅应在将来享有继承权,甚至有权在某种限度内行使追溯权。如果家庭财产已经分割,已婚女儿可以要求重新分割,以得到她应得之一份,但她必须在细则生效后的六个月之内提出这个要求。

1931年5月5日生效的民法继承编取代了包括细则在内的所有先前的法律。女儿不论已婚未婚,和儿子一样为第一等法定继承人(第1138条),即她们可以得到和她们兄弟相同的一份家产。民国民法也取消了最高法院对女儿继承权利的限制。一个女儿对她所继承的财产拥有绝对的权利,这意味着她在出嫁或因其他原因离开娘家时,可以带走所有属于她的财产。

同样重要的是,民国民法将宗祧继承和财产继承分离,意味着在指定男性嗣子时不能随便牺牲女儿的权利。最高法院关于女儿必须与父母生前或死后指定的嗣子平等分享财产的观点也被完全否决。如第四章所讨论过的,根据民国民法,女儿可得父亲过继之儿子财产的两倍。不仅如此,父亲死后母亲所过继的儿子,或父母双亡后亲戚所择立的嗣子,都无权继承父亲的财产。

女儿和法庭

女儿继承权的实施对都市地区的有产阶级产生了最大的冲击。确实,上海《申报》上登载的财产纠纷案读起来就像中华民国的名人录。涉入财产纠纷案的有晚清著名实业家、银行家盛宣怀(1916年有近1300万两银财产),李鸿章之子李经方(1934年有800万元财产),无锡丝绸商孙询刍(1930年有50万元财产),上海印染业巨擘薛宝润(1931年有财产300万元),英美烟公司买办蔡福林,华成烟公司创办人戴耕莘,垄断着租界粪便收集的"粪大王"马福祺(1935年有财产400万元)。①

这些富绅名流的家庭官司自然引起了媒体的极大关注,但从报章和法庭案件中我们看到,城市里中产家庭的女儿们也利用法庭来争取自己的权利。1930年,上海的三个未婚女儿状告她们的兄弟和两个入赘的姐夫,要求各得三幢房子和3.4亩地家产的六分

---

① 盛家未婚二姐妹的诉讼将在本章中加以讨论,其余关于盛家财产的官司以及李家和薛家的官司将在以后的脚注中说明。关于其他的诉讼,参见《申报》,1930.3.17,1930.6.4,1935.4.21,1936.5.4。

之一。(《申报》,1930.6.15)北平的一位已婚妇女上告其娘家,要求得到其父亲财产(包括六间、四间的住宅各一幢,一家有十数辆黄包车的公司,十来头猪,衣物和家具,共值 20 000 元)的五分之一。(北京地方法院:1942-2510,1942-5705)

可以想象,除了这些大都市,新法律的影响十分有限。只有在非常偶然的情况下,我们才会在报章上或法庭记录中看到小城镇或乡村的女儿们为财产继承打官司。总的来说,在所有各方面,民国民法和其所奉行的男女平等的意识形态对乡村社会的影响微乎其微。在乡村,人们对新法律的认知有限,而新法庭又常常路途颇远,交通不便,且乡村妇女更受蒙蔽,对变化的反应更为迟钝。所有这些,加上财产诉讼是民国时期最昂贵的诉讼,使得继承问题成为大多数小城镇和乡村妇女经验之外的事物。①

新法律在 1928 年因为上海两个未婚姐妹提出诉讼而受到最早的检验。这个案件受到全国的关注,不仅是因为它是这类案件的第一个,而且因为两姐妹是盛宣怀的女儿。(该案后来被编成一出戏剧,名为《小姐争产》,在上海上演。《申报》,1929.1.7)盛宣怀死于 1916 年,留下价值 12 956 000 两白银的家产,这在当时相当于 1000 万美元(许涤新、吴承明编,1990:851)。他的妻子庄氏死于 1927 年,留下 60 万至 300 万元(具体数字有争议)。在 1930 年初,盛庄遗产成为不少于七次法律诉讼的目标。所有的诉讼都是因女

---

① 关于民国民法对乡村社会的影响,请参看白凯(Bernhardt),1994;黄宗智(P. Huang),1996:第 2、3 章。关于诉讼费用,参看白凯(Bernhardt)和黄宗智(P. Huang),1994a:5;白凯(Bernhardt),1994:195—198;黄宗智(P. Huang),1996:181—185。关于律师费用,参看康纳(Conner),1994:238—239。

性继承权的法律变化而引起的。其中两件是关于未婚女儿的,一件是关于已婚女儿的,另外两件是关于已婚孙女的,剩下两件是关于外孙儿女的。① 盛家无休无止的官司为他们在上海的《申报》上赢得了"全沪健讼之魁"的"雅号"(《申报》,1933.5.28)。

在未婚女儿的官司中,财产标的是1927年解体后的愚斋义庄的资本。盛宣怀在1916年去世前命令将他的财产在适当安排了他寡妻的扶养和他女儿的嫁妆后,分为两份,一份在其五个儿子间均分,另一份则用来建立愚斋义庄。他死后,其妻和子谨遵他的遗命,他给寡妻和女儿留下了价值135 000两银的财产,五个儿子共得5 803 000两,余下的5 803 000两建立了义庄。(《女子继承权详解》,无出版年代:57—61)

1927年,江苏国民革命政府在反土豪劣绅的运动中,命令盛家把义庄财产的40%充作军需。盛家兄弟照办了,同时利用这个机会解散了义庄。1928年初,他们得到蒋介石和国民政府财政部的允许,将60%的义庄资本,共3 500 000两银,收归己有,在他们自己之间分配。(《申报》,1928.6.22,另见1929.8.29,1933.5.28)

该年夏,两个未婚女儿之一盛爱颐在上海公共租界临时法院对她三个健在的兄弟和两个侄子,即两个已死兄弟的儿子提起诉讼,要求从收回的义庄财产中得到她的一份。②《申报》称盛爱颐为一个热心的国民党党员,孙中山的积极信徒,同时也是宋氏姐妹

---

① 请参阅《申报》,1930.3.7,1930.6.5,1931.8.12,1931.8.16,1931.12.3,1932.1.29,1932.5.19,1932.6.11,1933.5.23,和上海《大晚报》,1932.5.20,1932.6.1。
② 1927年,公共租界的临时法院取代了公共租界会审公廨。这一法院在1930年成为上海第一特区地方法院。

的密友。她在诉状中争论说她的兄弟、侄子违背了国民党1926年关于妇女运动的决议案和新近最高法院关于妇女财产继承权的解释。根据现行法律,她和她的未婚妹妹——盛方颐,有权各得到一份与五个兄弟、侄子一样多的财产。(《申报》,1928.8.29,1928.9.6)

案情的发展牵扯出了义庄财产法律所有权的问题。盛家兄弟和侄子声称这是他们的共同财产。作为盛宣怀的法定继承人,他们在1916年盛死时,不仅继承了他的另一半遗产,也共同继承了义庄。因此在1928年初,当他们分配义庄剩下的60%财产时,他们只是在分配早就属于他们的财产。因为在1916年未婚女儿没有继承父亲财产的权利,所以盛爱颐对义庄财产没有任何权利,正像她对父亲的其他遗产没有权利一样。(《申报》,1928.9.6)

临时法院对此持不同的看法。法庭认为盛氏兄弟不是义庄的共同所有者。盛宣怀临死前给家里的口头遗命明确指示将他财产的一半划出,不在继承之列,用以建立义庄。义庄自从建立,就成为一个财团法人,义庄财产归这个财团法人所有,而非被告所有。后来只是因为特别的行政决定允许解散义庄,被告才可能对义庄财产提出要求。但是这个行政决定只说将义庄财产归还盛家,而没有说这财产如何分割。这将由法庭根据现行法律来决定。根据现行法律,盛爱颐同她的兄弟和侄子拥有同样的权利。因此临时法院在1928年9月下旬判决盛爱颐应得义庄财产的七分之一,计500 000两银。(《女子继承权详解》,无出版年代:57—61;《申报》,1928.9.21)

在此判决后的几周内,盛方颐效仿其姐姐,也在临时法院对其兄弟、侄子提出了诉讼。她也打赢了她的官司,得到义庄财产的七分之一。(《申报》,1928.10.18,1928.11.9)1928 年 12 月的上诉法院和 1929 年 12 月南京的最高法院维持了临时法院的原判(《申报》,1928.12.9,1929.12.18;《女子继承权详解》,无出版年代:57—61; *China Law Review*, 4.5 [1930]: 176—180)。对这两个法院来说,和上海临时法院一样,盛家的诉讼是关于未婚女儿继承权的第一个案例。

值得特别注意的是,盛家女儿诉讼的成功只是因为盛宣怀对他的财产做出了特别的安排。不然的话,她们对这财产没有任何权利,因为盛本人死于 1916 年,是在司法行政委员会做出女儿继承权的命令之前(如我们所看到的,这个命令是逐步在国民党攻克的省份中实施的)。这一日期分界的结果是把一大批女儿放到旧的继承法律之下,我们将在下面对此做充分的讨论。这里需要指出的是,时效问题常常使女儿们在法庭上的斗争受挫。比如在山东的第一个这类诉讼中,济南的 25 岁未婚女子、国民党的积极分子钱瑞智,在同其哥哥的诉讼中失败了,因为他们的父亲死于 1926 年春,是国民政府攻克山东(1928 年 5 月)的前两年。① 其他的女儿们也因这不幸的时间问题而输掉了官司(例见北京地方法院:65-5-1660-1668;《申报》,1929.12.20,1930.4.11)。

更为幸运的是富有的上海银行买办步吉臣的女儿。步死于 1927 年末,在江苏省归入国民党统治之后,他留下了价值 10 万元

---

① 1927 年,钱瑞智中断在北京师范大学的学业,进入武汉的国民党中央党务学校学习。1928 年,她随国民军北伐,任河北省党部训会主任。1933 年,据报道,她仍对自己的诉讼失败十分沮丧,并因亲密男友的新近逝世非常悲伤,在烟台投海自尽。(《申报》,1929.9.21,1929.10.18;《时报》,1933.9.25)

的财产和一妾四子,还有三个已出嫁的女儿:宝玉、满玉和生玉(报章报道称之为"三玉")。步吉臣死后不久,四兄弟分掉了家产。在1929年末1930年初(具体时间不确),步家"三玉"要求按照新颁的《已嫁女子追溯继承财产施行细则》来重分家产。1930年6月,她们在法公堂的一个判决中击败了她们的兄弟,每人将得到她们应得之份额,即家产的七分之一。① (《申报》,1930.3.30,1930.7.18)

让我们再来看看其他几个成功的案例。上海的郁蒋氏在1929年末经法庭判决击败了她的兄弟,赢得她母亲(死于当年9月)财产的一半(价值17 600元)。(《申报》,1929.11.2)北平的李王友莲在1940年经法庭判决击败她的兄弟,赢得她父亲财产的四分之一,她父亲的财产共计有五爿商店、七处房产、105亩土地、价值21 500元的股票、88 000元现金及珠宝古董。(北京地方法院:1947-227)高粱毓秀于1930年代末和1940年代初在两个不同的诉讼案中击败她的后母和四个同父异母兄弟,得到她死去父亲(死于1937年)在北平的财产(十处共152间半房产)的六分之一,和在他老家通县的财产(一幢11间房的房子、一爿商店和47亩地)的六分之一。(北京地方法院,65-5-763-768,1942-3279)

另外一些例子不是通过法庭判决,而是通过调解来结束争执的,它们或是通过法官在法庭上调解,或是在庭外通过律师或亲友调停。虽然在民事诉讼中,调解的愿望总是存在的,但在财产案件中调解的动机特别强烈,因为这类案件的诉讼费用实在很高。通过调解,争执双方不仅可以避免日益高涨的律师费,也可以避开成

---

① 1931年该法院回归中国政府控制,更名为上海第二特区地方法院。

为败诉者而承担所有诉讼费用的风险。

因此,1932年上海的方徐梅英通过庭外和解,从她的哥哥那里得到她死去父亲的约10 000 000元财产中的520 000元。(《申报》,1931.12.16,1932.5.1,1932.5.13)同是在上海,1930年代中茶商朱葆元的三个女儿,每人从她们的两个兄弟那里得到80 000元她们父亲的财产。(《申报》,1936.3.26)1942年,北平的已婚妇女赵陈淑珍对她母亲和四个兄弟姐妹的诉讼通过法庭调解,使她得到她父亲财产的六分之一。(北京地方法院:1942-3271,1942-3747)在另一个发生在北平的法庭调解案中,已婚女儿曾周淑珍从她的后母和三个同父异母弟妹那里得到1500元。(北京地方法院:1942-6509)

女儿们,不论已婚未嫁,并非唯一从她们所获得的继承权中得益的群体。根据民国民法,如果女儿死于她父亲之前,她的直系后代——子女、孙子女等等,现在可以继承她的份额,就像以前儿子有权从死去父亲的家产中得到一份遗产一样。因此女儿继承权的变化有着比我们通常所想象的深广得多的影响,因为它为人们通过其母亲向外祖父母家的财产提出要求打开了大门。

比如在1931年上海的一个案例中,华立侯代表他的子女,一个男孩和一个女孩,对他们的外祖母和四个舅舅提出诉讼。引起争议的是孩子的外祖父,颜料巨商薛宝润的3 000 000元财产。薛于年前死去。虽然孩子的母亲,薛的六个子女之一,死于1919年,但是华声称他的孩子有权继承母亲的六分之一的法定份额。[①] 首先

[①] 死去女儿的孩子有权继承母亲的份额,即使她死于妇女继承权法实施之前。(《司法院解释例全文》,1946:第1051号)

审判该案的上海第一特区地方法院和审理该案上诉的江苏高等法院都做出了孩子胜诉的判决。也是因为同样的理由,李鸿章的曾孙 1937 年在上海第一特区地方法院赢得了他外祖父李经方 8 000 000 元财产的八分之一。①

对于过继嗣子,民国民法只对 1931 年 5 月以前的立继予以承认,但即使是早已择立的嗣子也和亲生儿子一样,必须与所有女儿一起平均分享其父的财产。根据这些理由,北平郊外一个农户的两个已婚女儿在 1942 年打赢了对其父亲早已择立之嗣子的官司。北平地方法院命令他各给两个女儿其父亲财产的三分之一,这些财产包括一幢八间半的房子、十五亩地和三头骆驼。(北京地方法院:1942-6908)

除此以外,过继嗣子的法律地位与养子相同,绝没有比养子更多的权利,不论男性或女性,养子只能得到亲子所能继承份额的一半。(第 1142 条)上海的两个已婚女儿,徐文娟和吴叶蕊蓁,根据这条法律分别在 1932 年和 1936 年毫不犹豫地与她们的嗣兄弟对簿公堂。(《申报》,1932.7.4,1932.10.13,1936.10.22)

一个死后所立嗣子连养子的有限继承权都没有。如前所述,任何为寡妇所领养的孩子,都只是她的养子或嗣子。他或任何在夫妻双方死后由亲戚所立的嗣子都无权继承他"父亲"的财产。

这里仅举一例。23 岁的陈巧芬 1942 年在北平地方法院状告她的 14 个兄弟姐妹,要求得到她父亲陈静斋财产的十五分之一。

---

① 关于薛案的详情,参看《申报》,1931.4.17,1931.8.4,1931.9.20,1931.11.30,1932.6.30;《大晚报》(上海),1932.6.12。关于李经方案,参看《实报》(北平),1937.2.20;《申报》,1936.2.14,1937.2.19。

她的兄弟姐妹以长兄公孟为首,针对她的诉求争论说她的起诉在程序上不正确,因为她没有按照法律的要求把所有法定继承人列为被告。他们还有两个兄弟,公治和公达,两人都已过世,但都过继有嗣子,他们也有权得到陈静斋财产的一份。公治夫妇婚后不久就去世了,他们的父亲陈静斋立公孟的第三子为公治嗣子。公达死于1938年,比他父亲晚死三年,他们的母亲立公孟的第四子为公达之嗣。

法院立刻拒绝了公孟的论点。他们拿不出他们父母曾为死去儿子立嗣的任何证据,即使有的话,"嗣子"在现行法律下也没有任何权利继承他们父亲在陈静斋财产中的份额。据此,法官判决道,陈巧芬的起诉在程序上完全正确,她有权得到其父亲财产的十五分之一。(北京地方法院:1942-4503)

遗嘱中的特留分

至此为止我们所讨论的法律都是有关死者未立遗嘱的财产。在制定中国的继承法时,民国立法者还必须考虑如何将遗嘱问题纳入新的法律框架中去。如中央政治会议在1930年所解释的,中国面临的选择是采用英美的个人自由处分原则,还是欧陆的维持亲属关系的原则。这两个原则都给予财产所有者生前处分财产的绝对自由,但是在英美传统中个人可以将财产遗赠给任何他或她所喜欢的人,而在欧陆传统中个人财产中的一部分将自动转移给其法定继承人。最后,中央政治会议选择了欧陆的原则,希望这样

能在个人利益和家庭利益之间维持平衡。(《继承法先决各点审查意见书》,1930;参见罗鼎,1933:251—255)

民国民法对遗嘱中特留分的规定保护了法定继承人,当然包括女儿,以免他们完全失去继承权。第1187条强行规定"遗嘱人于不违反关于特留分规定之范围内,得以遗嘱自由处分遗产"。根据第1223条的规定,在涉及直系后代(如子女、孙子女等)、配偶或父母时,特留分的部分为法定应继分的一半;在涉及兄弟姊妹或祖父母时,特留分为法定应继分的三分之一。一份遗嘱若没有保留规定的份额,就有可能在法庭上受到挑战。

特留分的规定在1939年12月底北平的一个案例中,发挥了突出的作用。在该案中,王淑贤、王淑芳、王淑静三个已婚姐妹偕寡母王程玉书状告她们父亲的妾王周氏和其子。在她们的诉状中,三姐妹解释说她们的父亲王雅堂在1926年娶王周氏为妾,在王周氏生子后,搬出去和王周氏及其子另立门户。1939年4月,王雅堂去世,王周氏和其子控制了他的全部财产,拒绝给三姐妹和她们的寡母所应得的遗产。因此她们要求法庭按照法律判给她们每人五分之一的财产,剩下的五分之一归王周氏的儿子。

案件的焦点在王雅堂于去世前两周所写的遗嘱。在遗嘱中王称其妻女"泼悍",并提到他与妻女之间为扶养费和嫁妆而缠讼了八九年的一场官司,这场官司最后达成庭外调解,王同意付给妻女5500元,其条件是她们不再对他提出任何财产要求。最后他立下了他的遗嘱,他说:"惟因余至耄耋,妻少子幼,恐日后被王程氏母女侵扰,缘余本身资产所有均应归余子王华林承受。"

王氏姐妹和她们的母亲在第一轮诉讼中失败,因为被告让北平地方法院相信王雅堂已变卖了所有财产以偿债,争议中的财产已不复存在。但她们在上诉河北高等法院后,取得了成功。高等法院判决王雅堂事实上仍拥有他财产的大部,那些用来证明财产已不存在的文件都是王周氏的欺骗伎俩,目的是和儿子一起独吞这笔财产。不仅如此,王雅堂剥夺妻女继承权的做法还违反了现行法律。但因为他立有遗嘱,所以王氏母女四人不能得到她们所要求的法定应继分,而只能得到特留分,即每人得王雅堂财产的十分之一(法定应继分五分之一的一半)。(北京地方法院:65-5-692-693)虽然儿子仍然得到父亲财产的大部(五分之三),但民国民法关于遗嘱中特留分的规定防止了王氏母女继承权的完全丧失。①

死后继承对分家

本章至此为止讨论的女儿继承案例都发生在与民国民法所贯彻的西方财产和继承观念相近的家庭情况和事件中,也就是说分家发生在父亲去世以后。根据民国民法,这种情况可解释如下:在作为私人财产所有者的父亲死时,民国民法所规定的法定继承人继承了他的财产并共同拥有这财产。在将来的某个时刻,这些继承人决定在他们之间分割财产。如果父亲死于女儿继承权法施行

---

① 死于1931年5月以后的立遗嘱人,无论他或她何时立遗嘱,其遗嘱都必须遵守特留分的规定。(《民法继承编施行法》[Law Governing the Application of the Book of Inheritance of the Civil Code],第10条)

之后，那么法定继承人也包括女儿。至此我们的案例涵盖了很大一部分民间的分家和民国民法所定义的继承两相重叠的区域。它们也显示了在这重叠区域中，女儿们获得了《妇女运动决议案》和民国民法所许诺的与兄弟平等的继承权。

但是在民间惯行和新法律之间还有一大片分离的区域。在家产和分家的法律框架内，发生在父亲生前或死后的分家是最为关键的时刻，但是在个人财产和死后继承的法律框架内，关键的时刻是财产所有者的死亡，继承绝不可能发生在他的生前，而只能在他死后。如我们将要看到的，正是在这个分离区域中，女儿们发现她们实际的继承权利与法律所许诺的男女平等之间有很大的差距。女儿继承权的问题因此把两套法律制度不同的内在逻辑凸显出来。

为了分析的方便，我把两套制度逻辑的冲突分为两类：死后分家对死后继承和生前分家对死后继承。如前所述，虽然死后分家和死后继承有很大部分重叠，但两者绝不一致。另一方面，生前分家和死后继承完全不相容。

死后分家与死后继承

死后分家和死后继承之间的冲突具体表现在父亲死于女儿继承权法律施行之前的情况下因父亲财产而起的诉讼。表面上来看，如本章先前所提到的，这种诉讼的失败是由于不恰当的时机，但更为根本的是，它展示了死后分家和死后继承背后完全不同的逻辑。女儿们按照分家的逻辑来组织她们的诉状，法庭则根据死后继承的逻辑来回应她们。

以下三个案例揭示了这个问题。第一个发生在1932年的上海,已婚的姐妹俩,陈方金卿和方方幼卿,状告她们的两个兄弟和两个侄子(她们的另两个已死兄弟的儿子),要求每人得到她们死去的父亲,糖业商人方蓉洲的300 000元遗产的六分之一。她们解释说,她们的父亲死于民国初年,前年她们的兄弟和侄子将遗产一分为四。因为在那时,即1930年,国民党关于已婚女儿的继承权法令已经颁布了,所以她们有权从她们父亲的财产中得到平等的一份。(《申报》,1932.11.28)

第二个案例发生在1930年,24岁的未婚女子陆敏文和其母、56岁的陆王新一,向北平地方法院对她们的同父异母兄弟/妾子陆毓隆提起诉讼,因为他拒绝了她们分割家产的要求。她们解释说她们的父亲/丈夫陆守诚死于1916年,留下两个孩子、一妻陆王新一和一妾陆张桂兰。还在陆守诚在世时,其妻陆王新一就管理着家里的全部财产。陆死后,仍由她管理家产,直至她因操劳过度而病倒。陆毓隆则是一个败家子。去年陆王新一因不再能管理家产,写信给陆毓隆建议分割家产,但他对此建议不予理睬。现在女儿有权继承家产,她们要求把家产一分为二,陆敏文和陆毓隆各得一半。另外她们还提出陆敏文和陆毓隆各拿出原家产的五分之二给母亲和父妾作扶养费。(北京地方法院:65-5-222-226,65-5-447-450)

第三个案例是1929年北平18岁的周嘉玉对其兄弟的诉讼。周的父亲死于1911年,她的母亲则于去年去世。他们留下一个寡媳、一个女儿嘉玉和另一个女儿。嘉玉要求得到四分之一的家产,她争论说虽然她的父亲死于女儿继承权法律施行之前,但她们家的财产一直原封未动由她母亲管理。因此家产继承不是始于父亲死后,而是始于母亲死后。因为她母亲死于女儿获得继承权之后,所以她有权得到家产的四分之一。(北京地方法院,65-5-547-554)

显然,这三个案例中的女子都是以家产/分家的法律原则来指导自己的行动的。对她们来说,财产世代转移的关键时刻不是父亲的逝世,而是家产的分析。继承人不是在父亲死时继承家产,而是在财产实际上分析之时。这可以在父亲的生前或死后,也可以在母亲的生前或死后。因为在这些案例中,分家发生在女儿继承权法律颁布以后,所以分家必须遵行新的法律。换句话说,这些案例中的女子认定女儿有继承权意味着在分家时她们对家庭财产应得到和她们的兄弟一样的权利。她们所不知道的是,财产和继承的概念基础早已经历了法律上的重新构造。

结果当然是这些案例中的女儿输掉了她们的官司。她们的父亲都死于新法律施行之前,因此她们的兄弟在父亲死时就继承了她们父亲的财产。母亲健在与否,或她死于新法律施行之前还是以后都无关紧要,家庭财产已经变成父亲的个人财产,寡居的母亲与这财产并没有特别的关系。而兄弟们还未在他们之间分割遗产也不重要,继承和财产分割现在在法理上是两回事,财产分割可以发生在继承多年以后。因为这几个案例中的女儿一开始就没有继承财产,所以她们也就无权参与财产的分割。

死后分家和死后继承间的冲突也表现在自愿放弃继承权的问题上。在分家的制度框架内,对家产的弃权可以发生在分家以前的任何时候,包括分家的时刻。但民国民法强调继承之抛弃"应于知悉其得继承之时起二个月内,以书面向法院、亲属会议或其他继承人为之"(第1174条)。据此,任何继承之抛弃若签字于财产所有者死前,或两个月期限以后,均为无效。

民国民法的继承放弃法律是完全建立在死后继承的逻辑之上的。继承权之放弃不可能发生在财产所有者死前,因为严格说来,这时继承权根本就不存在(第1147条)。两个月的短暂期限是以德国民法(期限为六星期)为蓝本的,其假定是在财产所有者死后相当短的时间内,他的财产会在继承人中间分割。(German Civil Code, 1907: 第1944条)它对继承人在分割以前共同持有财产几年,甚至几十年的情况不加考虑。

这两套逻辑之间的冲突可以在北平马郁生的财产诉讼中看出来。马有二子五女,他本人死于1928年,但家产一直未分而由其寡妻保管。在其后的十五年中,两个儿子和三个女儿也相继死去。然后在1945年,马的寡妻亦去世。稍后,马家财产根据一份分家单做了分割,其财产的大部分给了两兄弟的寡妻和儿子们,一小部分给了健在的两姐妹中的一个——马荃。分家单上盖有马郁生的另一个女儿马如兰以及她两个已故姐妹的孩子们的印章。第二年,1946年,马如兰和这些孩子向北平地方法院起诉她家其他成员剥夺他们对马郁生财产所享有的七分之三的份额(马如兰本人一份,加上孩子们要求得到的他们已故母亲的份额)。他们坚持分家单是无效的,因为他们是受了被告们的欺骗或强迫而盖的章。另一方面,被告们则坚称原告是自愿在文件上盖章的,因而是自愿放弃他们的继承权的。尽管有此分歧,但双方都同意,问题的关键是分家的时刻,而不是父亲死亡的时刻,因此案件的结果取决于文件上的盖章是出于自愿还是强迫的。

对法庭来说,问题的焦点不在这里。即使原告自愿在分家单上盖章,愿意放弃继承权,该文件也不符合放弃继承的法律规定:它不是在得悉财产所有者死后的两个月内拟定的,而是在多年以后,再者它也没有明确写到她们要放弃继承权。根据这些理由,法庭认为原告有理,判决他们每人得遗产的七分之一。(北京地方法院:65-22-1621)

同样的内在逻辑也决定了另一桩诉讼的结局。在这个诉讼案中,已婚妇女高梁毓秀在1939年状告后母和四个同父异母兄弟。在她向北平地方法院提出的诉状中,她说她的父亲死于1937年,她的后母和兄弟于1939年初拟定了一个分家单,未经她同意,也没有知会她。在这个分家文件中,被告们将她父亲的财产分作五份,而没有给她所应得之六分之一的份额。被告们反驳她的要求,争论说她非常奢侈浪费,经常举债,所以他们的父亲临死时遗命不给她任何财产。他们还争论说分家文件签字时她在场,并同意这份文件,因此她放弃了继承权。在这个案例中双方也按着分家的逻辑来展开争论。对双方来说,关键问题是分家文件签字时高梁毓秀是否在场并表示口头同意。

北平地方法院做出了有利于原告高梁毓秀的判决。法庭对被告所称父亲临死时的遗命不相信。法庭也注意到她未在分家文件上签字,因此没有证据证明她同意这样分家。但最为重要的是,法官严格遵照民国民法中放弃继承的法律,判定即使她签了字,该文件也不能作为她放弃继承权的有效证据,因为它既没有明确说她放弃继承权,也超出了两个月时效的规定。法庭命令被告们分给

她六分之一的父亲财产。(北京地方法院:65-5-763-768)

生前分家与死后继承

新的继承法律和原有社会惯行之间的差距在生前分家和死后继承这两者的冲突中表现得最为明显。新的法律秩序尚能在很大程度上使死后分家和死后继承相调和,但对于生前分家和死后继承,它就做不到这一点。

从法律上来说,生前分家被定义为赠与而不是继承。1931年江苏高等法院向司法院转呈了启东县县长的一个问题:"父或母将财产分给予子之时期是否即为财产继承开始?"司法院回答说这样的行为属赠与,财产继承只能在财产所有人死亡之时开始。(《司法院解释例全文》,1946:第465号)

按照定义,生前分家不是继承,因此它不受继承法律的支配。司法院1932年在回应江苏吴县地方法院院长的询问时对此做了明确说明。该法官举了一个假设的例子。一个人在死前数天写下赠与字据,将其财产大部给予他四子中的二子。然后他立下遗嘱,安排在他死后对其余财产的分配。在这两个文件中,他都明确说明他给两个儿子的财产将是他们的私产,不能当作他死后他们所继承的份额。该法官问:这父亲的做法合法吗?

该法官接着对这个问题给了一个可能的答案,他指出在民国民法中有特留分的法律,规定第一等继承人,即直系后代,至少应得到他或她的法定应继分的一半。他认为这个法律旨在保护所有法定继承人的继承权。他解释说,不然的话,一个父亲"于其生前可凭其爱憎而以赠与方式任意处分其财产,使各继承人不得均平受继。充类至尽具可将其财产全部赠与共同继承人中之一人,而使他继承人一无所得。不仅破坏特留分之制度,而于遗产均平继承之旨趣亦破坏无余"。该法官认为,假设中的那个父亲显然意在通过赠与文件和遗嘱,规避特留分的法律;根据这一理由,对他将财产大部分作为礼物给他四子中的二子,是不能认作有效的。

司法院不同意。它解释说特留分的法律只适用于遗嘱,即一个人对他或她死后财产的处分。它不适用于生前的赠与。当人们在生前赠与他们的财产时,他们可以给他们所喜欢的任何人。假设中的那个父亲的所作所为完全是他的权利。①

不仅如此,司法院还指出,财产所有人在生前自由处分财产的权利甚至可以超越民国民法中对礼物赠与的规定。民国民法第1173条规定,财产所有人因婚嫁、分居或开业而给予一个继承人的任何礼物,都必须从该继承人的法定继承份额中扣除(其假定是为这些目的而给的礼物通常被当作继承的预付部分)。但是该法律附有一条重要的但书,允许财产所有人在赠与时宣布这礼物不算在接受人法定继承份额之内,就如假设中的那个父亲所做的。在这样的情况下,礼物接受者仍有权得到和其他继承人相等的遗产份额。(《司法院解释例全文》,1946:第743号)

---

① 1928年继承编草案预见到以这种策略来规避继承法律的情况,因此规定不论赠与是出于何种理由,若财产所有人在赠与后一年内死亡,赠与部分将自动算作接受者继承份额的一部分。它还规定若财产所有人在做了出于"恶意"的赠与(目的在于减少其他继承人的继承份额)后三年内死亡,这赠与部分也将计入受赠人法定继承份额之内。(引自张虚白,1930:92;另参见罗鼎,1933:262—264)但民国民法的最后版本对生前赠与没有这些限制。

那么将生前分家重新定义为赠与对女儿们意味着什么呢？它意味着，首先她们和兄弟平等享有的继承权被大打折扣。如果一个父亲决定生前在儿子中间分割家产，则女儿没有任何法律上的权利来反抗：她不能反对父亲在生前所做的分家，也不能在其后这样做，因为届时父亲的财产早已经传到她兄弟们的手中，成为他们的个人财产了。生前分家在多大程度上趋于常态而不是例外（黄宗智[P. Huang], 1996:24—28），女儿就在多大程度上被剥夺了新近获得的权利。同样，毋庸赘言，财产赠与的法律为父亲和兄弟提供了一个简便而可靠的法律途径来完全剥夺女儿的继承权。

不仅如此，如以下案例所表明的，这一法律还为绕开对分割财产给死后所立之男性嗣子的禁令提供了简便有效的法律途径。1936年中，一个年轻的已婚妇女陈朱淑英在上海地方法院向她祖父朱海康提起诉讼，告他剥夺她的继承权。她是她祖父长子朱鼎臣的独生女，但她的父母已于几年前死去。她说在1935年底，她祖父立了他的一个孙子为她父亲的嗣子，然后将他价值40 000元的所有财产分了他的两个儿子和这个嗣孙。她指控说她祖父这样做在两点上违反了法律。她本人作为她父亲唯一的直系后代是她父亲的唯一法定继承人，至少，她祖父应给她法律所规定的特留分。不仅如此，为她父亲立嗣并将应属于她的财产给嗣孙，他祖父还违反了禁止将财产继承和宗祧继承联系在一起的法令。

根据民国民法，她的论点根本站不住脚。因为这个案子牵涉的是生前分家，而不是死后继承，所以法律中关于法定继承和特留分的规定就不适用。争议中的财产是她祖父的财产，他可以在生前做任何他想做的事，包括赠给他儿子死后所立的嗣子。（《申

报》,1936.6.12)

生前分家和死后继承之间的冲突是1930年代后期和1940年代早期北平一桩复杂而旷日持久的官司的中心。该案值得较为详细的叙述,因为它涉及与女儿财产权利有关的某些因素,比如作为赠与的生前分家的法律概念,分家文件和遗嘱之间的区别,特留分的性质以及最后用生前分家来剥夺女儿的继承权。

诉讼始于1938年,三姐妹为她们父亲高云泉的财产向北平地方法院状告她们的两个同父异母兄弟。使这个官司特别具有争议的是高云泉的婚姻状况和由此造成的他的子女间的摩擦。在无子女的发妻死后,他娶了续弦,她育有一子,即被告之一高崇启。后来续弦也死了,其子由高云泉的妾郑氏抚养。1904年郑氏本人也生了一个儿子,即本案的另一个被告,高崇肇。在庆祝孩子满月时,兴高采烈的父亲宣布将郑氏扶为正室。此后(具体时间不详),高云泉又纳了一妾王氏,她生了三个女儿,即本案原告高钰凤、高钰珍、高钰兰。王氏和三个女儿与郑氏和高云泉的两个儿子没有住在一起,而是完全另立门户。

高云泉于1935年4月(阴历)亡故,留下29处住宅和商业房产。在她们的诉状中,三姐妹控告她们的同父异母兄霸占了所有家产,拒绝给她们应得的法定份额,她们要求将家产平均分为五份给五个孩子。①

高崇启和高崇肇反驳他们妹妹的指控,争论说,因为他们父亲死前就把所有财产给了家属,所以他们的父亲死时已不名分文。作为证据,兄弟俩出示了代笔人所写的,由代笔人和另一人作见证的分家单,他们父亲和他们本人都在文件上签了字,立据日期为阴历1924年4月24日。分家单的部分内容如下:

> 近年以来,因余年老衰迈,对于家中事务实难竭力经营,欲行休养不理家务。恐子女等无似余尽心家务之能者,更恐余将来百年后妻妾子女互相争执,不遵照余之意思同居度日。思前虑后诸所皆非,莫若乘余生前将余所有之财产分给妻妾子女,倘将来余故去时即各承各业安分度日。

分家单在后面规定了财产如何分配:一部分现金和不动产将给他的"妻子"郑氏和他的妾王氏,作她们的赡养费;每个女儿得1000元嫁妆;余下的财产在两个儿子间均分。分家单还明确两个儿子要负责扶养父亲的余生。因为他们父亲在死前把所有财产当

---

① 诉讼中的另一个争议是郑氏的继承权,郑氏是被高云泉扶为正室的妾。三姐妹争论说郑氏仍是妾,因此无权继承她们父亲的财产,两兄弟则反驳说郑氏已被扶正,应得到和子女相等的份额。地方法院未对此做出判决,但上诉法院认为郑氏事实上不是高的妻子,他对她的扶正在法律上无效。婚姻要在民法中有效,"结婚应有公开之仪式及二人以上之证人"(第982条)。高云泉在其儿子满月庆时所做的宣布不符合结婚的规定。虽然当时有证人,但这不是一个公开的结婚仪式。(这里法庭使用的是司法院1933年所规定的"公开仪式"的严格标准,即未被邀请的人也可以看到这个仪式。《司法院解释例全文》,1946;第859号)如我们将在下一章中所看到的,妾对她丈夫的财产没有继承权。

作礼物分赠了,所以他死时没有要继承的遗产。

三姐妹列出了四条理由来反驳两兄弟的论点。首先她们争论说这个遗嘱是假的,它是两个被告和代笔人及见证人在诉讼开始前写就的。她们称她们父亲在文件末尾的签字是伪造的。另外,在文件的日期1924年4月24日和代笔人及见证人的法庭证词之间有重要的分歧。根据他们的证词,该文件是应高云泉的请求在1935年2月所写的,并在几个月后,于高死前几天由高本人、代笔人和见证人及两兄弟签字画押。如果这证词是事实,那么该分家文件就是在1935年签订的,但为什么文件上的日期是1924年呢?她们争论说其理由是她们的兄弟清楚地知道,女儿自1926年起根据国民党司法行政委员会的命令获得了继承权,所以故意将日期改为1924年,以避免她们得到继承。

但是即使文件是真的,原告争辩说,高云泉也显然是把它当作一个遗嘱,而不是如被告所说,当作一个赠与文件。毕竟,如果代笔人和见证人的话是可信的,那么这个文件就是高云泉在病重时起草,并在死前几天签字的,这正如一个遗嘱。不仅如此,文件中的一些措辞还可以在许多遗嘱中发现,如担心家庭成员会在财产所有人死后为财产而起争执。她们父亲的意图十分明显,就是要明确在他死后财产该如何分配,以避免将来家庭不和睦。这意味着他死时财产完整。这与被告所说的情况恰恰相反,事实上父亲有财产供她们继承。

三姐妹的争论没有到此为止。她们继续讨论这个文件作为遗嘱是否有效,争论说它在形式和内容上都是不合法的。它不符合民国民法对代笔遗嘱的规定,即任何非本人亲笔的法律文件都必须有三人以上作证和签署(第1194条)。该文件上只有两个证人：代笔人和另一个人。至于内容,因为遗嘱把财产的大部给了儿子,而留给女儿的只是一个零头,所以它违反了民国民法关于特留分的规定。该规定保证她们每人至少该得其应继分的一半,即家产的十分之一(第1223条)。

最后三姐妹争论说女儿的继承权属于"强制规定"的范畴,根据民国民法第71条,"法律行为违反强制或禁止之规定者无效"。在这个案件中,高云泉的行动应在法律上宣布为无效,即使假设这个遗嘱是他拟定的,因为它违背了直系后代平等继承的强制规定。她们的结论是高的财产应在五个子女间平均分配。

三姐妹的论点未能说服北平地方法院。法院判决分家文件是真实和有效的,它确实是根据父亲的愿望拟定并经他签字画押的。对法庭来说,证人证词和文件上日期的不同并不能证明文件是伪造的,它也不是能影响文件法律效力的重大问题。至于该分家文件的性质,法庭判定这不是如三姐妹所称的一份遗嘱,而是如两兄弟所说,是父亲生前处分财产的声明。因此,它当然不必遵循关于遗嘱的法律,不必符合那些法律的形式和特留分的要求。最后,父亲的行动完全在他权利范围之内,他在生前对他的财产可以任意处置。他因为在生前处置了他的所有财产,所以没有留下可以让女儿们来争执的财产。

三姐妹对此结果很失望。她们立刻对地方法院的判决提出上诉。这个案件一进入上诉程序,就像它是三姐妹和两兄弟之间的一场关于遗嘱的较量一样,成了河北高等法院和最高法院之间的一场意志的较量。河北高等法院支持三姐妹,而最高法院支持两兄弟。这个案件总共经过六次听审,在每个上诉法院进行了三次。

在多次听审中,关键问题仍然是文件的性质和其作者的意图。河北高等法院认为这是一份遗嘱,作为证据,它指出文件中所使用的语言是遗嘱中常见的表述,例如高云泉提到他担心死后妻妾子女会互相争执,并希望他故去时,他们能各承各业。法院还争论说,如果该文件确实如两兄弟所说是一份赠与文件,它就应该详细罗列兄弟俩每人应得之各类家产。但是该文件远没有这样做,它只是说在安排了妻妾的扶养和女儿的嫁妆后,兄弟俩将平均分割家产。很明显,父亲的意图不是在生前把财产分给儿子。因此这是一份遗嘱,而不是一份赠与文件。

不仅如此,高等法院还认为高云泉显然意图通过这个遗嘱来剥夺女儿们的继承权。与北平地方法院不同,河北高等法院认为日期上的不同对判断高云泉的目的至关重要。它注意到根据代笔人的证词,在文件签字的那一天(1935年4月13日),父亲提醒代笔人女儿在1926年获得了继承权,要他将日期改写成1924年4月24日。高等法院争论说这清楚地反映了高云泉绕开继承法律的意图。

最后河北高等法院总结说,该遗嘱违反了民国民法关于子女的平等继承权利的强制规定,因此在法律上是无效的。高云泉的财产应平均分给他的五个子女。

在轮番上诉中,最高法院一次又一次地推翻了下级法院的判决。虽然分家文件在某些方面确实存在隐晦不明之处,但它要求两兄弟扶养父亲的余生,这种要求在遗嘱中是非常罕见的。况且要判断高云泉的意图不能只根据这一文件,还必须考虑他其后的行动。两兄弟在上诉过程中又提出了某些证据(其中包括账簿),意在证明他们的父亲确实在死前把财产过户到了他们头上。最高法院不认为这些证据是伪造的,而判定它们是真实的。把分家文件和父亲其后的行动结合起来考虑,它们证明了父亲的目的不是在死后分配家产,而是在死前处分财产。既然这文件是生前的财产处分文件,显然它就不必遵照有关遗嘱和子女平等继承的法律规定。因为高云泉在生前已将其所有财产处分完毕,所以他未给他的法定继承人留下任何财产。他是否故意剥夺他女儿的继承权并不重要,因为他对自己的财产有权任意处置。最后最高法院的观点获胜,三姐妹输掉了这场官司。(北京地方法院:65-5-2600-2601,65-5-2899-2901,65-5-3295,65-5-3306)

这个案例对男女平等和个人财产权两原则之间的互动关系这样一个更大的课题做了很好的说明。虽然这两个原则并非绝对互不相容,但一旦把它们同时应用于一个对它们还未认可的社会里,它们就有可能互为扞格。在民国时代,新的个人产权和男女平等的法律秩序是在一个旧的社会环境中运行的,在这个社会环境中,分家和承祧的原则及惯行依然占据着主导地位。当新的法律制度和传统的惯行在法庭上对垒时,女儿继承权的命运就取决于两者分离的程度。当两者间的差距最小时,即在死后分家和死后继承之间,女儿们就可以行使她们的权利;但当两者的差距最大时,即在生前分家和死后继承之间,女儿就会发现,她们的权利要被个人产权原则及随之而来的自由处分财产之权利摧毁太容易了。

第七章
帝制和民国时期妾的财产权利

　　与妻子和女儿不同,本书所研究的财产和继承法律通过不断演变的婚姻逻辑的过滤对妾产生的影响是间接的。总体上来说,我们可以感觉到两大趋势。从宋至清,我们看到妾的法律地位逐渐上升,从不过是性的婢女上升到类似于小妻。到了清代,妾得到了与妻相等的某些权利,包括在她丈夫去世以后对他的财产进行监护的权利,以及在丈夫身后无子的情况下为他立继的权利。但是在民国时代,因为坚持"现代的"一夫一妻的理念,妾的法律上的存在被彻底否定。面对支配民国民法的西方财产逻辑,没有法律身份对妾的财产权利有着十分重要的影响。

第七章 帝制和民国时期妾的财产权利

帝制时代的妾

众所周知,帝制中国的法律禁止一夫多妻制,但不禁止一夫数妾。一个男子在任何时候只可以有一妻,但可以有任意数量的妾。① 立法者对妻妾的区别十分认真,以各种方式来规定妾的卑微和妻的尊贵。因为她比妻子卑微,所以一个妾若是对妻犯下了一个妻对妾所犯的同样罪行,她所受到的惩罚要比那个妻所受到的更为严厉。她们间的不同地位也决定了她们不同的法律权利和责任。

在很大程度上,民间惯行也同样对妻和妾做了明确的区别。首先,她们在嫁入夫家时的礼仪差别悬殊。妻子要通过正式的订婚和婚礼,从交换聘礼到拜告夫家的祖先。妾则通常是被买来的,她来到夫家时几乎没有任何可以炫耀的排场,唯一的仪式是向妻子跪拜奉茶,用以表示她们相对的地位。在家中,日常生活的方式、礼仪责任,甚至称呼,无一不在强化妻对妾的支配关系。两者的区别还延续到她们死后,表现为不同的丧葬和哀悼仪式,她们的牌位在家庙和祠堂中不同的位置,以及她们在家谱中不同的地位(关于妻妾的一般讨论,请参见伊佩霞[Ebrey],1986,1993;叶玛丽

---

① 唐代以来各朝的法律确实试图限制宗室和官员纳妾的人数,但这种法律并未严格执行。(《宗藩条例》,1565:69—569;陈鹏,1990:681—705)至于平民,元律和明律根本就禁止他们纳妾,除非男子年过四十而无子;不过这条禁令并无实际效力,因为违规者只受笞四十,而不必逐出所纳之妾。(陈鹏,1990:698—699;《明》,6:9a—10)清律的早期版本也包括这条禁令,但在 1740 年取消了。(吴坛,约 1780:445)

[Jaschok],1988;沃森[Watson],1991)。

滋贺秀三认为"夫妻一体"是所有这些传统观念的核心。它不仅是妻子权威的来源,也同样是妾缺乏权威的原因。因为一个男子在任何一刻都只能有一个嫡妻,所以妾永远不是也不可能是妻的近似,因为在他生前她从来不是他的妻子。根据同样的逻辑,她在他死后也没有资格做他的代表,不能行使任何寡妻的权利。这些都是完全保留给妻子的。(滋贺,1967:551—568)

不过妾在帝制中国的地位事实上比"夫妻一体"所说明的要模糊得多。从法律上说,她的地位在奴婢和正妻这两极之间。她到底在这两极之间的什么位置则取决于具体的情境和不同的家庭结构。确实,法律和法官对那些当妻子健在时就觊觎妻子权威的妾冷眼相看。而当妻子死后,他们对妾的权利和义务的看法变得更为模棱两可。毕竟与滋贺的看法相反,妾在妻子死后常常成了家中事实上的女主人,而在丈夫死后她更是常常因为年龄、个性或家中无人胜任而负起家长的责任。无论官员们怎样力图强调妻与妾在这种情况下的区别,客观现实都要求他们承认这一事实以维持家庭和保护财产。"夫妻一体"的理论并不能完全概括妾在家庭中所扮演的全部角色。

不仅如此,"夫妻一体"也并不像滋贺所提出的那样是不为历史变化所触动的永恒概念。例如,妾没有权威的情况在宋代比后来更为确切。到了清代,对女人来说最为重要的不在于她是妻还是妾,而在于她是不是贞节寡妇。对妾来说,寡妇贞节成为一种权威的资源,并推翻了"夫妻一体"的排他地位。

第七章　帝制和民国时期妾的财产权利

唐宋时代的妾：高级婢女

唐宋法律关于妻和妾各自对财产和继承的权利规定得相当明确。唐律关于分家的规定没有提及妾,只说"寡妻无男者,承夫分"(引自仁井田编,1933:245—246)。唐律在其他各处也否认妾是家产的共同继承人。如奴仆谋杀主人或主妇的法律所解释的,妾不是主,因为主只包括对家产有法律权利的家庭成员,妾则没有这种权利。宋律承袭唐律,同样否定了妾分享家产的权利。(《唐》:328;《宋》:197,274—275)①

妾也同样被排除在宗祧继承事务之外。唐律中没有明确的法律来规定家庭成员为已故无子男子立嗣的有关权利,但宋律中相关的法律很明确:"夫亡妻在,从妻。"如果妻子也已亡故,则立嗣权由丈夫的近亲尊长来行使,即妻子死后,寡妾并不能继承她立嗣的权利。

《清明集》中的例子显示司法实践在这个问题上遵行着成文法。例如王平死后,他的长兄和他的叔伯堂兄因承祧而起争执。虽然王平留下寡妾,但审理此案的官员根本就不考虑她在这事上的愿望。(《清明集》:512—517)在另一个案例中,一个寡妾扮作妻

---

① 奇怪的是现存的《宋刑统》虽然逐字逐句沿袭唐律,却用了"寡妻妾"的字眼,而不是"寡妻"。很可能"妾"这个字不在《宋刑统》原版中,而是后来的版本误植的。(仁井田,1942:476;仁井田,1943:1342—1343;滋贺,1967:262)有两个事实特别可以支持这个观点:《宋刑统》逐字采用了唐律关于奴仆谋杀主人和主妇的法律,这法律如正文所述,特别将妾排除在家庭财产的继承人之外;宋代的官员在分家的问题上只提及寡妻(例如《清明集》:220)。

子要求官员给她权利来选择嗣子。法官看破了她的手段,否决了她的人选。(《清明集》:268)在这两个案例中,没有人把寡妾当作妻子的替代者。

在宋代,妾不仅不能享受妻所享受的财产和继承上的权利,而且可以被任意地扫地出门。她们没有所谓"七出"和"三不去"的保护,这些是允许/限制丈夫同妻子离婚的理由。① 她们的地位更不安全,因为禁止夫家族亲强迫寡妻再醮的法律显然不包括她们。如伊佩霞所证明的,妾若没有孩子,就特别容易被她丈夫或在他死后被夫家逐出家门。(伊佩霞[Ebrey],1993:227—233)

但这并不是说,妾在宋代法律制度下就完全没有保障。那些有幸为丈夫生儿育女的妾可以得到无子女的妾所没有的社会地位和法律上的合法性。虽然她丈夫的嫡妻对妾的子女行使充分的母亲的权利,但她本人对自己的子女仍享有"生母"的地位,并对丈夫的所有孩子,不论是为妻还是为妾所生,享有"庶母"的地位(无子女的妾则不能做其丈夫孩子的"庶母")。正是通过这一母亲的地位,一个妾在法律之下获得了某些权利。

最值得注意的是,现有的证据表明,在某些场合妾有权继承她孩子的财产。比如《宋史》中载有程迥在1160年代任扬州知府时所听审的一个财产争执案。十年以前,泰兴一个颇有钱有势的人去世,留下寡妾和她的女儿。十年以后,有人(身份不详)对这个寡

---

① "七出"为:无子、淫佚、不事舅姑、口舌、盗窃、妒忌、恶疾。"三不去"规定丈夫在三种情况下不能因"七出"而休妻(在唐宋律中淫佚和恶疾除外,在明清律中淫佚除外),即经持舅姑三年之丧,前贫贱后富贵,有所娶无所归。(《唐》:268;《宋》:223;《明》,6:37b—38b;《清》:116-01)

妾提起诉讼,对她所控制的她丈夫的一千亩田产提出争议。结果泰兴的官员没收了这田产,并命寡妾吐出十年来她所收的全部田租,理由是她对这田产根本没有权利。当案子上诉到程知府那里时,他判决这田产应归还寡妾的女儿,她死后则交给作为她生母的寡妾。(《宋史》,无出版年代,437:12949)

不仅如此,《清明集》中两个13世纪中叶由不同官员审理的案例都引用了关于妾的一条特别规定:"诸户绝人有所生母若祖母同居者,财产并听为主。"(《清明集》:251,268)由于各种原因,这两个案例没有告诉我们这条法律的特别意图和适用范围,但我们可以推测它的目的是豁免这种财产被国家充公。如我们在第一章所看到的,被广为引用的宋代法律明确规定绝户财产应归户主的女儿或在他死后所立之嗣子。若两者都没有,则所有财产收归官府。这些法律都没有考虑作为妾的母亲和祖母的扶养问题。上述规定的目的是纠正这种疏忽。

《清明集》中的两个案例之一应用这条规定的方法告诉我们,妾作为生母可以得到儿子的财产,还有为儿子择嗣的权利。这个案例是由方大琮审理的,很可能是在他的知府任上(《清明集》:268)。① 在案中,涉讼三方争为丁孙三立嗣:一是声称自己是丁妻的一名妇人(姓名不详);二是邓氏(安安),她是丁父之妾;第三方是丁的族人。三方各自提出了自己的人选。

方知府在判决中根据争论三方的亲疏次序列出了他们各自的权利。他首先考虑了自称是丁妻的妇人。他写道,如果她确为丁

---

① 方大琮出任过广州(今广东)和隆兴(今江西)知府(《清明集》:684)。书中未告诉我们该案发生在哪一个州府。

妻,那她当然有绝对权利为丈夫立嗣,即夫亡从妻。但是她在丁过世的那一天才进入丁家,他不相信丁与她结过婚。

方接着考虑邓氏,即丁的父妾。根据"诸户绝人有所生母若祖母同居者,财产并听为主"的法律,他解释说她的立嗣权利取决于她是否确为丁孙三的生母。他认为邓氏非丁之生母。虽然她称丁为亡男,自称"庶母",但这不能证明她是丁的母亲,因为对其他妻妾所生儿子们来说她也是"庶母"。而且根据一个亲戚的证词,邓氏只有一个孩子,一个现已出嫁的女儿。

在否决了自称丁妻之人和邓氏的要求之后,方知府才转而考虑丁氏族人的要求。他根据几个理由否定了他们提出的人选,其中特别重要的是丁孙三和这个人选交恶多年,加上邓氏和一些亲戚的强烈反对。

因为三方都没有充分的权利,所以方知府提出了一个他希望能行得通的折衷方案。他决定为丁孙三立两个嗣子:一个为邓氏的人选,另一个从丁氏族人中物色。虽然方知府否定邓氏为丁孙三的生母,但他对案例的讨论和处理使我们毫不怀疑,如果邓氏确为丁之生母,那么为丁择嗣将完全取决于她。

《清明集》中的另外一些案例告诉我们有子女的寡妾根据法律还获得某些其他权利。作为她丈夫所有子女的庶母,她有权从丈夫所有的财产继承人,而不仅仅是她的儿子那里得到扶养。(《清明集》:303—304)而作为她自己子女的生母,她可以在子女年幼时管理他们所继承的所有财产(《清明集》:232—233,251—257),不过条件是他们的嫡母已死。不然的话,寡妻有权处理她丈夫所有子女的事务,不论他们为嫡出或庶出。

第七章 帝制和民国时期妾的财产权利

妾作为母亲而获得的权利并不能填平唐宋法律在妻和妾之间所划定的巨大鸿沟,根据唐宋法律,妾很少能享受妻的法律特权和保障。这一鸿沟又反映了妻妾之间严格的身份等级界限。众所周知,中国帝制时代的法律把人分为三个身份等级,不同等级有不同的道德标准和不同的量刑依据。这三个等级是官、良民和贱民。这种等级划分贯穿整个帝制时代,不过因时代的演进,贱民的种类不断减少,因通婚和纳妾而造成的等级界限也日益模糊。

在唐宋时代,贱民包括奴婢、客户、乐户。他们和良民及官户之间的界限是严格固定的,特别表现在禁止通婚方面。比如,官员或良民娶奴婢为妻徒二年,而奴仆娶良民为妻徒一年半。法律同样禁止官员和良民娶客户或乐户女为妻。(《唐》:256—257,269—271;《宋》:214—215,225—227)

但对于纳妾,法律颇为宽容。一般来说,一个官员或良民只可以纳良家妇女为妾,但是唐宋法律事实上允许有例外。例如官员和良民都可以纳奴婢为妾,如果她为他生了儿子,或者他先将她释奴为良。他也可以自由地纳客户或乐户女为妾,而不用担心刑事惩罚。(《唐》:257;《宋》:215—216)

在家中,妻子和丈夫的其他妾婢之间的界限是绝对泾渭分明的。妻子不能降低到妾的地位,而妾、客户女和奴婢也绝不可能在任何时候上升到妻的地位,即使主人已经丧妻鳏居。任何人这样做都会受到徒一年半至二年的刑罚,女子则恢复她原来的身份。(《唐》:256—257;《宋》:214—215)唐宋法律中对这条法律的议疏解释了禁令产生的理由:

187

> 妾通卖买,等数相悬。婢乃贱流,本非俦类。若以妻为妾,以婢为妻,便亏夫妇之正道,黩人伦之彝则,颠倒冠履,紊乱礼经。(《唐》:256;《宋》:215)

这些法律表明在唐宋时代,以妻子为一方,以妾和奴婢、客户、乐户为另一方,两者之间存在着一条巨大的鸿沟。虽然妾不具贱民的法律地位,但如上述引文所说的,她无法抹掉作为买卖商品的标记,被认为太卑贱而永远不可能上升为妻。妻和妾之间的身份界限是十分严格的。

明清时代的妾:卑微小妻

宋代以后,妾的法律地位逐步从高级婢女上升为卑微小妻。这一变化的部分原因是明清以来商业化和社会变动的加剧而造成的身份等级界限的松动。不少学者研究了这一变化对各个世袭贱民阶层的影响(仁井田,1942;瞿同祖[Ch'ü T'ung-tsu],1961;黄宗智[P. Huang],1985;经君健,1993;苏成捷[Sommer],1994;曼[Mann],1997)。它对妾的影响即使不是更大,至少也是相同的。

在明代,唐宋对不同身份等级间的婚姻的各种禁令减少为两条。对良民来说,唯一仍然有效的法律是不允许良家妇女嫁给奴仆(《明》,6:23b—36a)。法律已允许民人与奴婢、客户或妓女间的婚姻和纳妾。对于官员来说,唯一不合法的是娶妓女为妻或妾(《明》,6:30b—32a)。清律则全盘接受了明律中关于不同等级间婚姻和纳妾的法律(《清》:113,115)。

同样在明代,关于升妾为妻的法律也修改了。虽然降妻为妾和当妻健在时升妾为妻仍是不合法的,但法律允许丈夫在妻子死后把妾扶正。不仅如此,与唐宋律不同,明律对把奴婢或佃仆上升为妻子并没有惩罚的条款,这表明她们和妾一样在正妻死后有可能上升为妻。(《明》,6:9a—10a)清律也包含了这条法律。(《清》:103)

身份等级界限的松动也相应表现在两朝丧礼的服制上。在宋代,妾的丧服范围很小,她只能为她的丈夫、丈夫的妻子,以及她自己的孩子和他丈夫同其他女人的孩子戴孝。(《庆元条法事类》,1203,77:3a—13b)到了18世纪末,除了以上家庭成员,她还要为丈夫的父母、祖父母,丈夫的儿媳、孙子和孙媳、孙女,以及她自己的孙子、孙媳和孙女戴孝。其中为丈夫父母戴孝始于明初,其他的规定都是在18世纪添入的。(《大明会典》,1587,102:1a—13b;吴坛,约1780:68—190)

而妾所受到的哀悼范围也相应扩大了。在中国的帝制时代,根据常规,妾若没有为丈夫生育,是没有资格受到丧祭的。若她育有子女,在宋代,她可以作为生母受到她自己子女的丧祭,而作为丈夫其他子女的庶母受到他们的丧祭,以及受到自己的孙子女的丧祭。(《庆元条法事类》,1203,77:3a—13b)18世纪,经过制度的修订,她可以享受更多人的丧祭,包括她的出继给别人的儿子、她的儿媳、她丈夫与其他妻妾所生儿子的妻子、她丈夫的孙子和孙媳,最为重要的或许是她的丈夫和丈夫的妻子。(吴坛,约1780:68—190)虽然妾在丧祭关系中的地位,无论是作为丧祭的施者或受者,都无法与妻子地位的高度和广度同日而语,但清代对丧礼的修订标志着她在更大程度上被接纳到她丈夫的家中,她与妻之间在礼仪上的距离也较为缩短了。

　　妾地位上升的一个同样重要的方面是她被纳入国家对贞节寡妇的崇拜中去了。在宋代,寡妾没有义务为死去的丈夫守志,就像家中为家长生育了孩子的奴婢没有这种义务那样。例如《清明集》中包括大量对守贞寡妻的称颂及大量对再醮寡妻的贬抑的例子,但对寡妾的贞节保持沉默(例如《清明集》:211—212,344,365—366)。但从元初开始,在国家倡导的崇拜中,妾与妻一样可以受到朝廷对贞节寡妇的旌表。这一事实在对寡妇贞节的研究文献中基本上未受注意。不仅如此,随着时间的推移,她们在受旌节妇中的比例日益增长。《古今图书集成》(编于1725年,出版于1728年)中广泛收集的节妇传,对这一变化是一个很好的说明。妾在元朝359个受旌节妇中只占0.6%,但在明代27 141人中占1%,而在清初(1644—1725)的9812人中占了2.2%。① (《古今图书集成》,1728,121—325)山西的数字告诉我们同样的趋势:元代受旌的节妇中没有一人是妾,而在明代的1668人中妾占0.7%,在清代(1644—1890年代初)的44 754人中妾占了1.6%。(《山西通志》,1892,162—178)

　　这些加总的数字当然掩盖了地方上的差异。总的来说,一个地区的商业越繁荣,士绅影响越大,在受旌节妇中就有越多的寡妾:商业财产为妾的买卖和扶养提供了物质手段,而士绅的影响鼓励了对寡妇守贞的崇拜。比如在江南地区,节妇中有相当高的比

---

① 我的数字高于董家遵(1937)用同样资料所得出的数字,因为他的统计没有包括附在主传后面的附传的人数。

例是妾。浙江海盐县2601个清代受旌节妇中5.4%是妾,而邻近的平湖县,在1692个受旌节妇中妾占了6.9%。(《嘉兴府志》,1879,73—76)

受旌寡妾在这两个县中的比例绝不是太低,而很可能是太高。平均说来,在刘翠溶所研究的清代华中和华南的23个宗族中,妾占女性配偶的3.7%,也即妾妻比为1∶27。(刘翠溶,1983:288)在海盐和平湖,受旌寡妾与受旌寡妇之比分别是1∶18和1∶14,要高于上述刘翠溶所揭示的妾妻之比。毫无疑问,这一差异部分是因为在这两个县妾的比例要相对高一些,而这一效果又被妾和妻之间更大的年龄差距放大。因为妾与妻相比更有可能比她们的丈夫年轻好几岁,甚至十几岁、几十岁,所以她们也更有可能在30岁以前成为寡妇,而30岁是寡妇受旌的年龄下限。

在各个方面,地方志中关于贞节寡妾的描写大多承袭对贞节寡妻的描写。她们像贞节寡妻一样,因她们拒绝再醮的节烈行为(如削发、毁容、自杀),她们对年迈公婆的细心照料,她们对子女,包括领养子嗣的扶养和教育,以及她们捍卫子嗣继承的家产以对抗贪婪的族人而受到旌表。这些传记无论看上去怎样陈腔滥调,都明白无误地表明当寡妻缺席的时候,一个寡妾就要担当起同样的职责,即延续宗祧并保护家产。

有些传记特别提到在这些妇女看来,寡居守节对寡妾和对寡妻一样是一种美德。比如浙江海宁的寡妾张氏23岁开始守寡,在18世纪中叶受到旌表,她说:"嫡庶有别,义则一。"她为丈夫守志41年,直至去世。(《民国杭州府志》,1916,158:27b)同样,浙江嘉兴县的贞节寡妾沈氏对要她再醮的回答是:"吾虽不读书,然闻妇

人从一而终,越礼主事不愿为也。"(《嘉兴府志》,1879,67:39a)

和妻子一样,妾因丈夫去世悲伤而自杀或因反抗改嫁的压力而自杀,也有资格被朝廷立为"烈妇"。例如,浙江钱塘县34岁的妾汪朱氏在丈夫死后服毒自尽,她因此节烈行为而在1903年受到旌表。(《民国杭州府志》,1916,154:23b)另外两个得此旌表的寡妾是海宁的贺氏和江苏吴江的徐氏,贺氏面对丈夫族人要她改嫁的压力自杀殉夫,徐氏以自杀来反抗嫡妻的改嫁要求。(《民国杭州府志》,1916,163:18a;《吴江县志》,1747,35:33a)

对寡妇贞节的要求使妾的地位在法律上大为巩固。颇具讽刺意味的是,妾的地位事实上在丈夫死后比在他生前更为稳固。在他生前,她仍然完全受他支配,"七出"和"三不去"的法律规定无法保护她免遭丈夫的驱逐。如《大清律例》的一条释文所说,"夫爱则留之,恶则遣之"(引自滋贺,1967:570)。但在他死后,她受到禁止强迫寡妇改嫁法律的保护,这法律在明后期做了修改,不仅保护妻,也保护妾。(《明》,6:15a;张肯堂,1634,3:9a;《清》:105;《刑案汇览》,1886,9:16a—16b)寡妾和寡妻一样,不论是她们的夫家还是娘家,都不能强迫她们改嫁或将她们出卖。

对寡妾贞节的强调不断升级,以及身份等级界限日益模糊松动的结果是,妾之地位稳固的原因改变了。在宋代,她的地位来自她作为一个母亲的身份——她自己子女的生母和她丈夫其他子女的庶母。但到了清代,她的地位稳固与否取决于她对丈夫的贞节。这变化又对妾在宗祧继承中的作用有着重大影响。

妾与清代的宗祧继承

和在宋代一样,在清代只要妻子健在,寡妾对承祧就没有法律上的发言权。这一点,官员李钧在河南知府任上审理一个复杂的案件时说得很明白。他对争执所做的开场白清楚地说明了问题的性质:

> [王]天鉴[洛阳县人]先有嫡妻沈氏、次妻马氏。后于嘉庆十四年,复娶尚氏为妻。十八年,又娶姚氏为妻。其时沈氏已故。①

王天鉴死于1827年,他的死在他的三个寡妻之间引起了一场择嗣的纠纷。第四个妻子姚氏欲立一人为嗣,而第二和第三个妻子——马氏和尚氏欲立另一人。最后姚氏擅自将她的人选当作嗣子领进家来,马氏和尚氏在洛阳县衙门对姚氏提起诉讼,控告她"钻继",并称她是"刁妾灭嫡,擅主家政"。姚氏则以"夺嫡逐继"相反驳。

这个案件于1829年上诉到李知府的案头。对已故王天鉴妻妾不分造成的这种混乱,他先做了一番痛斥。接着李知府根据差强

---

① 在民间惯行中,次妻指的是第一个妻子还健在时,一个男子娶的第二个妻子("次"在这里和在次子、次女中的意思相同)。人们常常也称其为"二房",即第二个妻子。男子娶次妻通常是因为第一个妻子因病而不能理家生子(关于次妻和二房,参见仁井田,1942:715—720;仁井田编,1952—1958,1:227,239;滋贺,1967:559)。这是民间惯行中多妻制的一个典型例子。

人意的证据判定尚氏最有可能是正妻,而马氏和姚氏只是妾。他解释说,马氏只能是妾,因为她嫁进王家时,王的嫡妻沈氏仍健在。对尚氏和姚氏来说,她们的地位取决于沈氏死于何时。如果她死于尚氏1809年过门以前,那么尚氏就是新妻,而姚氏只能是妾;但如果她死于1809年以后,而在姚氏过门以前,那么姚氏就是新妻,而尚氏只是妾。最后李知府无法证实沈氏亡故的确切年份,仍判定尚氏为正妻,其理由是她先于姚氏嫁入王家,并且是从娘家直接嫁过来的,姚氏则在先前嫁过人。

虽然这样,但李知府觉得尚氏可能有择嗣的权利。但也可能是由于对自己的关于谁是妻谁是妾的结论没有信心,又急于结束这场官司,李知府做出了一个妥协方案,即让两方的人选同时成为王天鉴的嗣子,而将王的财产均分为五份,分给三个妇人和两个嗣子。(李钧,1833,1:10a—11b)虽然李知府做了这样的决定,但这个案例毫无疑问地表明当丈夫死后妻妾健在时,妾对择嗣没有法律上的发言权。

比较不确定的是丈夫死后只有妾健在时妾的权利。宋代法律明确宣布妻子在丈夫死后有权立嗣,后来的法律在这点上则比较模糊。明清相关的法律描述寡妇在承祧中的作用时不用"妻"这个字眼,而是用更广义的"妇人"这个词:"妇人夫亡无子守志者,合承夫分,须凭族长择昭穆相当之人继嗣。"(《大明会典》,1587,19:20b;《清》:78-02)现存的证据表明,明清时代的官员绝不会反对把"妇人"一词运用到守贞寡妾身上,赋予她和寡妻同样的择嗣权。

徐士林(1713年进士)就是这样的一个官员。徐精通律例,他曾在刑部任主事,历任安徽安庆知府、江苏臬司和江苏巡抚。在他出版的判案集中,他以赞同的口吻叙述了1720年代末和1730年代初在安庆知府任上所复查的一个诉讼案件。潜山县吴章斌的寡妾吴阿王为承祧状告她丈夫的无服侄吴超。吴超在族人的支持下坚持他的侄子吴大义应成为吴阿王和吴章斌之子习科的嗣子,因为吴大义是昭穆相当的最近的族亲。吴阿王则坚持没有必要为习科立嗣,因为她和她丈夫有一个孙子看儿,他是他们养子的儿子,看儿可以继承宗祧。但是知县后来发现这个养子与他们不同姓,这样看儿就没有资格承祧。然而审案的知县并没有因此而否决吴阿王的要求。相反,他否决了吴超侄子大义承祧的资格,不仅是因为吴超和吴阿王之间因诉讼而起的敌意,也因为吴超与吴章斌之间的血缘关系太远(两人的七世祖才是同一人)。注意到吴阿王的儿子死时还未婚,因此没有必要为他立嗣,知县判决应从吴章斌五服之内的33个侄子中择一人为吴章斌立嗣。择嗣权归吴阿王一人。知县直接命令吴阿王从这些侄子中选她所喜欢的任何一人,并告知衙门来确认。她照做了,案子就此了结。(徐士林,1906,2:36a—39a)吴阿王是妾这一点在整个诉讼案中根本就不是一个问题。

徐士林任安庆知府时在一个他本人所审理的承祧案中对妾的愿望表达了一样的同情。这个讼案是关于为廪生汪宗卓择嗣的。汪的叔伯堂兄汪宗洪声称他的儿子文驹作为昭穆相当之最近族亲应该继嗣,但是汪宗卓的寡妾宋氏拒绝接受,因为她和她丈夫因过去的一场官司而与汪宗洪结怨。虽然徐知府承认根据宗族秩序,文驹确有继嗣的优先权,但因为两家的敌意,他否定了文驹的继嗣。汪宗洪争论说因为汪宗卓已死,宋氏可以和嗣子分开居住,所以两家的敌意跟继嗣没有关系。徐知府对此论点根本不做考虑。对于汪宗洪所说"承祧大事……媵妾不应力为主持"的论点,徐士林回答说:"主仇即系己仇。"也就是说她拒绝她丈夫本人也会拒绝的人选完全是她权利范围内的事。结果他判决立宋氏和族中长老所择人选为嗣。(徐士林,1906,2:54a—55b)

最后,我们还有以下这个由直隶广平知府张五纬在任内审理的发生在1808年至1811年间的案例。成安县的张萧贤纳使女贾氏为妾。当他死后,贾氏立张二小为他的嗣子。张二小是萧贤已故兄弟的嗣子。萧贤的一个族人张继元对此提出诉讼,他声称妾不可以继承亡夫成为一家之主,并为亡夫择嗣,更不用说贾氏原本还是使女。他还争论说贾氏所选的张二小不合法,因为这孩子是独子。

张知府在判决中叱责张继元对贾氏的粗鲁无礼,赞赏贾氏对丈夫克尽妇道。对于妾能否继承亡夫主掌家政,他解释说贾氏是在协助已故的家主(她的丈夫),这和她在他生前所做的是一样的。至于她先前是使女、现在是妾则无关紧要:"民间尝有娶大户使女为妻,亦有买穷家良女为妾者。"因此"妻妾只论名分不问良贱"。然后他肯定贾氏所选张二小完全符合兼祧的做法。(张五纬,1812,批词:70a—71b)在他处理这个案例时,张知府对待寡妾就像对待寡妻一样。

就是沈家本这样的法律名家也相信清律中有关条例适用于妾,他在回答朋友的信中表达了这种想法。他朋友问他"妇人夫亡守志者"中的"妇人"是否指的仅仅是妻,如果妻已死,妾是否"合承夫分"。

第七章 帝制和民国时期妾的财产权利

沈家本的回答是该例并未区别妻妾,只是强调妇人守志与否。[177]"能守志,则妻固得承受,即妾亦得承受。不能守志,非惟妾不得承受,即妻亦不得承受。"例的作者故意用了"妇人"这样的词来包括妻和妾,如果仅仅指妻的话,他们就会用"嫡妻"这样的字眼,就如本条例所归附的律所用的一样。(这里沈家本提到的是律78条的有关部分:"其嫡妻年五十以上无子者,得立庶长子。")

对那些强调妻妾不同的人,沈家本继续说,人们可以指出妻妾对亡夫的责任是相同的,她们都必须为他服丧三年。她们都对他有同样的道德责任——在他死后为他守志,如礼部列举的守志寡妾也有资格受到朝廷旌表。

这些责任也包括为无嗣丈夫立嗣。沈家本提醒他的朋友说,这条例的主要目的在于强调妇人为亡夫立嗣的法律责任。根据这一逻辑,否定妾承受她丈夫财产的权利就等于否定她为丈夫立嗣的权利,其结果是灾难性的:

> 一任他人争继争产,妾总不得过问,即遇强横之房族争产而不为其家立继,妾亦不得过问,但坐视宗祧之斩绝,家业之销亡。

沈家本的结论,即该条例没有在妻和妾之间做任何区别,只要她守志不移,她就有权接受她丈夫的财产,并为丈夫立继,与清代的司法实践是一致的。(沈家本,无出版年代:2204—2205)

沈家本的回答同样强调了寡妇贞节是妾在清代新获权利的基础。在宋代,妾在财产和承祧上的有限权利来自她的母亲身份,但在清代她取得了本来只属于寡妻的权利和责任。现在,是妻还是妾已无关紧要,重要的是她是否寡居守志。

民国初年的妾

在民国初年,"现代的"一夫一妻制取代了寡妇贞节,成为定义妻和妾相对地位的原则。大理院宣布中国法律现在实行"一夫一妻制",纳妾不再被承认是婚姻的一种形式,即便是一种等而下之的形式;妾也不再被认为是妻的近似。妾和她的所谓丈夫之间的关系仅仅被看作一个女子和家长之间的契约关系(《大理院判决例全书》,1933:211)。

根据这样的重新建构,大理院做出了一系列判决,旨在规定妾对家长和他的家庭的权利和义务,以及他们对她的权利和义务。(白凯[Bernhardt],1994:210—211)这些判决的目的是倒转清代妻妾权利走向平等的趋势。大理院不是以寡妇贞节的名义缩小两者的差异,而是以一夫一妻制为理由强调她们的不同。

妾与承祧:"不是妻子"

大理院在1914年审理北京的一个上诉案件时对妾在承祧中的权利做出了至关重要的判决。该案始于1912年,原告57岁的寡妾薛王氏是一家生意兴隆的药店的掌柜,她向京师地方法院提起诉讼。在状纸中,她指控28岁的民政部主事薛恩来非法霸占家产。根据她的叙述,她的亡夫薛曾级与嫡妻没有孩子,但和她一起育有二女一子。儿子在1870年代末死于襁褓之中。在1880年代,曾级从山东雇了他的侄孙到药房作职员,不过这个安排突然终止了,该侄孙因卖假药而被赶走。但是侄孙的儿子,被告薛恩来(当时还是个男孩)仍留在北京薛家。薛曾级死于1895年,他的妻子十七年以后于1912年春也死了。薛王氏指控说,薛妻死后,薛恩来假称自己是薛曾级领养的曾孙,因而是薛家的嗣子,并偷走了薛家九处房产的契约和大笔钱财,拒绝归还。薛王氏说,因为薛恩来不是她丈夫的嗣子,所以他对薛的家产没有任何权利。京师地方审判厅认为她的论点和证据有说服力,做出了对她有利的判决。

薛恩来立刻对此判决向京师高等审判厅提出上诉,高等审判厅同样判定薛王氏胜诉,不过根据的是不同的理由。根据书面证据,薛曾级事实上立了薛恩来为他的嗣子,而且他和他妻子在生前显然都没有废除他。案件的结果因此取决于薛王氏作为妾是否有合法的权利来废继别立。

通过仔细分析有关法律,高等审判厅判决她确实有这个权利。它首先考虑的是守志寡妇有权承受她丈夫的财产并为他立继的例。像沈家本一样,高等审判厅争论说例文所说的"妇人"包括妻和妾。因为其他法律条文都明确区别妻和妾,所以有理由相信如果本例文指的仅仅是妻,它就会用"妻"字,而不会用更为广义的"妇人"。同样地,法院还注意到"合承夫分"中的"夫"既可相对妻而言,也可以是妾的夫。虽然服制图把妾的丈夫称为"家主"(更为常见的是"家长"),但其他的法律都用同样的字"夫"来指称妾的丈夫。守志寡妾与守志寡妻一样,有权承受她丈夫的财产并为他立嗣。

至于妾是否有权废除已立的继子,高等审判厅认为有关法律,"若继子不得于所后之亲,听其告官别立"也适用于妾。为支持自己的立场,高等审判厅根据"三父八母"的服制图,说明孩子不论亲生或领养,妻生或妾生,都称妾为"庶母"。① 法庭推论说,这个术语说明的是妾和她丈夫所有孩子之间的亲子关系。她因此被看作养母,应有权废除已立的继子而另立别人。根据这个理由和薛王氏所提供的证据(他们之间长期以来的紧张关系,以及他偷窃契约和钱财),薛恩来不适合继续为继。高等审判厅剥夺了他的嗣子身份。这个判决,如我们所看到的,完全符合自清代发展过来的司法实践。

薛恩来向大理院提出上诉。他最终在那里找到了满意的结局。大理院在它 1914 年的判决中坚持一夫一妻制的逻辑,否认薛王氏有立继或废继的权利,判决说"妇人"指的只是守志寡妻。如果一个妾要为她死去的丈夫立嗣,合法的做法是要求召开亲族会议来做此事。与妻子不同,她没有择嗣的绝对权利。

同样,她不像养父母那样有权废除已立继子。大理院拒绝承认高等审判厅的解释,不认为妾作为继子的庶母和继子有亲子关系。在讨论到妾对她的丈夫和丈夫的亲戚的丧服关系时,大理院强调在嫡妻子女和妾的子女间有明确的区别。亲子关系只存在于妾与她自己的子女之间,而不涉及妾与妻的子女。因为继子的地

---

① "三父八母"服制图列出了常规表格没有提到的丧祭责任。其他七母是养母、嫡母、继母、慈母、嫁母、出母、乳母,三父是同居继父、不同居继父、从继母嫁继父。该图见于吴坛,约 1780;93。

位是嫡子,也即丈夫和他妻子的儿子,所以按照定义,妾与他之间不是亲子关系。"养父母"这个称呼在法律上仅指丈夫和他的妻子。据此,大理院总结说,薛王氏无权废除继子薛恩来,他将继承所有财产,包括那家药房。(北京地方法院:65-5-1689-1700;《大理院判决例全书》,1933:292)

在另外的场合,大理院面临一个不同的问题,如果妾没有寡妻那种为丈夫择继的绝对权利,那么如果一个人只留下寡妾,而没有寡妻,谁来为他立继呢?大理院指明在这种情况下,择继权归丈夫的直系尊属,即他的父母或祖父母。如果他们都已亡故,那就由亲属会议来做决定。但它在此做了一些妥协,强调妾在亲属会议中应占有重要地位。(《大理院判决例全书》,1933:249,262)

这个判决特别有意思,因为它表明,虽然大理院坚决维护妻与妾之间地位的差别以促进一夫一妻制,但是它不可能完全无视妾的利益,毕竟她要靠继子来赡养她,并最有可能和他住在一个屋檐下。但是要在这两个考虑之间做调解并不容易,这从大理院对亲属会议上妾的意见之重要性的规定上可以看出来。一方面,它规定亲属会议的选择必须得到妾的同意才有效(《大理院判决例全书》,1933:249,276);另一方面,它又规定妾不能阻挠她夫家为她的丈夫择继(《大理院判决例全书》,1933:277)。换句话说,亲属会议没有妾的同意不能择继,而妾没有亲属会议的同意也不能择继。如果妾和亲属会议不能达成一致,双方都有权要求法庭来解决争执。(《大理院解释例全文》,1931:第903号)

在实践中,这意味着妾可以上法庭要求取消没有得到她同意的立继。正是由于这个原因,浙江上虞县35岁的农妇吴许氏赢了她1918年在大理院的上诉。她的丈夫吴开森和妻子死而无子,开森的两个兄弟与族长商议,立两兄弟中一人的儿子吴水木为吴开森继子。吴妾吴许氏争论说亲属会议她不在场,立继也没有征得她的同意。根据这些理由,大理院否决了地方法院的判决,不承认吴水木是继子。(大理院:241-3030)

根据同样的理由,丈夫的族亲也可以上法庭去推翻寡妾的选择,如果她立继时没有征得他们的同意。比如大理院在1914年判定广东东莞县两个妇女败诉,她们中一人是死者的庶母,一人是他的妾,她们选择了死者的某个族侄为嗣。因为她们两人都无权为死者择继,所以大理院命令召开亲属会议来选择嗣子。(大理院:241-209)同样,1918年大理院判贵州贵阳县46岁的寡妾杨黄氏败诉,因为她未经亲属会议商议而擅自立继。(大理院:241-3354)

一个妾要废继同样要得到亲属会议的同意。上述的薛王氏若不是擅自行动,或许能成功地将令她讨厌的薛恩来赶走。在一个同样的案例中,北京一个33岁的守寡旗妇潘宋氏,无法说服法庭废除她丈夫领养的嗣子潘文志,尽管他挥霍家产并虐待她,因为她是妾,无权废继。(北京地方法院:65-5-1-5)直隶清河县89岁的寡妾赵李氏因同样的理由输掉了她对亡夫嗣子的官司。(《直隶》①,1915,1:158—160)

一个妾要废继,必须首先以正当的理由说服亲属会议,如果他们同意,就必须上法庭要求废继。1914年,另一个北京旗妇溥杨氏运用这个策略废除了她丈夫生前所立嗣子,并另立他人。两年前

---

① 《直隶高等审判厅判牍集要》。

该嗣子将她捆绑吊打,他为此获罪而被收监坐牢。1919年,他上法庭要求恢复他的嗣子地位,被判败诉,因为法庭认定溥杨氏在废除他时完全遵照了寡妾废继的程序。(京师高等审判厅:239-5536)

通过对妾在承祧中之权利的条分缕析,大理院得以削弱寡妾的法律权利。对沈家本和清代其他持同样观点的人来说,在承祧问题上重要的区别不在于寡妇是妻还是妾,而在于寡妇的守贞与否。但对大理院来说,重要的是"现代的"一夫一妻制度,而不是贞节寡妇的理念。因为妾不是妻,所以她不能享有和妻一样的合法权利,或承担同样的义务。

兼祧与多重婚姻

大理院维护一夫一妻婚姻制度的决心也对多妻制这种民间惯行产生了冲击。我们已经讨论过兼祧,就是一个儿子同时继承他父亲和一个及以上叔伯的宗祧。与兼祧相伴随的是重婚,即兼祧的儿子正式地娶两个及以上妻子,每房一妻。妻子在这种制度安排下通常被称为"平妻",目的在于强调这些妻子中没有谁比谁高一等,如妻对妾的那种等级。(V. Chiu,1966:35—36)

清廷自1775年起允许兼祧,但在随后的几十年里没有遇到重婚问题的挑战。因兼祧而起的多重婚姻是否构成重婚罪?若是,这后来的妻子应得到何等对待?1814年河南学政向礼部提出了这样的问题。问题是关于一个儿子对父亲其他妻子的丧祭责任的。宝丰县的余笃生兼祧二房,他为长房先娶了张氏,后又娶了王氏,王氏为他生了一个儿子万全;他为次房娶了雷氏,因她未能生育,他又纳杜氏为妾,杜氏为他生了一个儿子万德。万全将继嗣长房,万德则继嗣次房。次房的妻雷氏新亡。该学政确信二房妾杜氏的儿子万德的祭祀责任明确无误,在这种情况下,妾的儿子应将他父亲的妻子作为"嫡母"祭祀。但是另一个儿子万全对雷氏有什么样的祭祀责任则不甚清楚。学政问道,他对雷氏到底是一种什么关系,他应怎样祭悼她?

礼部在回复时谴责了佘笃生荒谬的婚姻关系,同时也谴责了该学政对佘某这种做法明显的认可。佘笃生娶了二人以上为妻,因而犯了二妻并娶的重婚罪。只有对他娶的第一个妻子张氏,可以承认是他的妻子;他娶为妻子的其余二人,即王氏和雷氏,只能是他的妾。至于万全和死去的雷氏的关系,因为她既不是他的嫡母,也不是他的生母和庶母(因她没有子女),所以他对她没有任何丧祭责任。这对万德也同样适用,与学政的理解相反,雷氏只是妾而非嫡妻,因此她不可能是万德的"嫡母"。因为她不是他的嫡母,也不是他的生母和庶母,所以严格说来他对她也没有丧祭的责任。但是礼部也对兼祧和万德作为次房嗣子的地位做了一些妥协,允许万德按照"慈母"(扶养亡妾孩子成人的妾)来祭祀雷氏。(引自《台湾私法人事编》,1961,4:645—646)

对我们来说,礼部答复的意义在于从法律的角度来看,佘笃生的两个后妻王氏和雷氏只是妾。这个裁决对清律中关于男性重婚的律做了修改。清律中的这条律规定必须与后妻立刻离婚,将其遣回娘家。(《清》:103)这一修改成为"成案",用以处理兼祧案例中后妻的地位。(《续增刑案汇览》,1886,11:4b—6a;包世臣,1888,28:22b—24b;《台湾私法人事编》,1961,4:645—646)

第七章 帝制和民国时期妾的财产权利

大理院继承了清代在兼祧问题上的立场,它在1910年代继续把兼祧婚姻中的后妻等同于妾(《大理院判决例全书》,1933:218,234)。这一立场,结合大理院对妾在承祧中权利的判决,意味着与民间惯行相反,在兼祧重婚中的后妻没有权利为她所嫁入的那一房择继。

民国初年直隶成安县一农民家中头妻和后妻之间的争执对法律与民间惯行间的冲突做了很好的说明。李家上一辈有四兄弟,老二在孩提时出继到山东一李姓家庭,老大无子,老三和老四各有一子。老三的独子出继给老大,而老四的独子李国仲被指定为兼祧子,承继他的父亲和三伯父。作为兼祧子,他娶了两个媳妇,第一个为张氏,第二个为赵氏。

诉讼起于兼祧子李国仲之死,他的头妻选了已出继的二伯父的曾孙李同春,来兼祧两房,承继李国仲。她的荒唐选择遭到两方面的反对。她丈夫的一些族人对此反应强烈,他们冲进寡妇家中,对正在准备葬仪的两寡妇动粗。赵寡妇也对这一选择不满,她在成安县衙门对张寡妇和李同春的祖父李墨林提起诉讼,争论说李同春与他丈夫同姓不同宗,而她作为国仲的另一个妻子,对立继也有合法的发言权。成安知县支持张寡妇的选择(其理由不明),但同时命令分家,将李国仲的40亩地分给张寡妇和她所立的嗣子25亩,余下的15亩给赵寡妇。

赵寡妇向直隶高等审判厅提出上诉,再次争论说张寡妇的选择不恰当,她本人作为兼祧家庭的两个妻子之一,有同样的择继权利。高等审判厅判决张寡妇的选择确实违法,不是因为李同春与李国仲不同宗(法律允许同姓不同宗的继承),而是因为他与李国仲相差三代,不是一代。但是赵寡妇的胜诉代价惨重,因为法官还判决她作为兼祧子的第二个妻子,法律地位只是妾。重选昭穆相当之嗣子的权利归李国仲的妻子张寡妇。对她来说,还有比这更坏的消息:法官否决了成安知县判给她的15亩地。我们可以想象她听到这个判决时的懊悔。成安知县这样做是因为觉得她"似有为妻之资格",但直隶高等审判厅命令所有土地归张寡妇收管。(《直隶》,1915,1:163—168)

1924年,大理院着手来缩小法律和民间惯行的距离。虽然它仍坚持兼祧婚姻中的后妻只具有妾的法律身份,但它在承祧事务上赋予她和头妻一样的权利。如果妾和她的丈夫未能生育儿子以承继她嫁入的那一房,她就有权在丈夫死后承受他在那一房的遗产份额,为那一房择继立嗣。如果嗣子年幼,她将代他掌管财产。(《大理院判决例全书》,1933:294)这是我们所看到的大理院唯一一次给予妾和妻同样的承祧和财产权利。

对家产的权利

在民国初年,寡妾明确地被否定有权像寡妻那样管理家产。民国早期的法律承袭清律,要求成年儿子(包括继子)在分家以前处分家产必须得到寡居嫡母的同意。如果他们没有这样做,她可以要求法庭宣布交易无效。如果子嗣极端挥霍或无能,她也可以要求法庭将财产完全判给她掌管。(《大理院判决例全书》,1933:751;《大理院解释例全文》,1931:第228、912、922号;京师:239-7081)

在民国初年,寡妾在面对成年儿子时就没有这样的权利。比如1913年天津的寡妾王李氏就输掉了她对亡夫嗣子的一场诉讼。她指控嗣子挥霍家产(三幢房子、一爿粮店、一爿肉店)。天津地方审判厅和直隶高等审判厅都判决,作为妾的她对嗣子的行为无权干预。(《直隶》,1915,1:160—163)

不仅如此,民国早期的法律还承袭清律,要求成年儿子在分割家产前必须得到寡妻的同意,而对寡妾就不存在这样的法律保护。因此在1917年,北京27岁的商人郑应武轻易地赢了他与父亲51岁的妾郑杨氏和她的儿子郑应才关于分家权利的官司。(北京地方法院:65-5-85-91)

最后,民国初年的法律赋予寡妻代表年幼儿子管理家产的权利,不论儿子是亲生的还是领养的。而寡妾在这方面的权利虽不能说完全没有,却也极为有限——只有当她的丈夫在遗嘱中指定她这么做,或者没有其他可能的近亲可以做这件事时才有效。(《大理院判决例全书》,1933:296)

不过,妾确实在某一点上可以对家产有强烈的要求,即她有权从家产中得到扶养。(《大理院判决例全书》,1933:208,250—253)这扶养的权利在大理院的法律中,如在清律中一样,源于她是"同居共财"团体中的一员。因此她的权利不是针对任何人的,而是针对家产本身的,不管是谁正好在掌管这财产。

正因为如此,扶养寡妾的义务平等地落在她丈夫的所有儿子身上,只要他们开始管理这财产。比如年轻商人郑应武1917年为自己打赢对他父妾的官司付出了代价。根据京师地方审判厅的命令,他必须承担和他的同父异母兄弟郑应才同样的责任,扶养应才

的母亲郑杨氏——每人每月给寡妾20元生活费,并在她过世时支付350两丧葬费。(北京地方法院:65-5-85-91)

不仅如此,和寡媳在民国初年的法律中一样,寡妾不必和财产继承人住在一起以享受其扶养(《大理院判决例全书》,1933:252)。因此在京师高等审判厅1915年审理的一个案件中,张云集的寡妾张孙氏(35岁)打赢了对张妻(61岁)和张的儿子的官司,得到每月10元的生活费。法庭解释说,尽管张孙氏已不再和被告住在一起,但只要她还活着且没有改嫁,她就仍然是张云集的妾。这个身份使她有权从家产继承人那里得到扶养。同居不是扶养的先决条件。(京师高等审判厅:239-1884)同样,26岁的寡妾田崔氏赢得了一个官司,可以每年从亡夫的妻子(60岁)那里得到200元,虽然她们俩已不再住在一起。(京师高等审判厅:239-3889)

大理院对扶养的判决只是它在民国初年发展起来的法律的一部分,这法律旨在强化妻与妾之间的身份差别,以维护一夫一妻制。但尽管有这些努力,大理院仍然被夹在两个婚姻逻辑之间,即清代的逻辑——妾为妻的一种,和新的一夫一妻制的逻辑。无论它如何强调妻和妾之间的差别,它都继续承认妾是一种法律存在,因此它要使一夫一妻制成为社会规范的努力就被自我抵消了。它把下一步的任务——彻底剥夺妾的法律地位,留给了国民党的立法者们。

民国民法中的妾

在决定如何对待纳妾制度时,新民法的设计者们面对着一个无法摆脱的困境。一方面他们支持一夫一妻和男女平等的理念,这意味着在原则上废除纳妾的习俗;但另一方面,他们不能完全无视这种社会习俗存在的事实,并且必须在新的法律制度中对妾的地位做出定义。国民党的立法者们考虑设立关于妾的单行法,而将其与民法分开,就像他们在其他许多领域内所做的那样(例如土地法、公司法、保险法)。结果最高权力机构中央政治会议指示立法院放弃这个做法。如其在1930年《亲属法先决各点审查意见书》中所说:"妾之制度亟应废止。虽事实上尚有存在者,而法律上不容承认其存在。其地位如何无庸以法典及单行法特为规定。"(《亲属法先决各点审查意见书》,1930)

有了这个决定,中央政治会议有效地完全回避了这个问题。民国民法不必禁止纳妾,但也不给它法律上的认可。事实上"妾"这个字眼根本没有在民国民法和民国后期其他成文法中出现。妾不再是有自己特殊权利和义务的法律实体,她不再是一个法律存在。

如现实所表明的,回避问题不是真正的解决之道,因为法律没有禁止纳妾,它事实上允许她继续作为一种社会存在。结果那些为妾的妇女被打入了法律的冷宫,既不被承认,也不被禁止。它留给司法院去运用其解释权,来决定如何将这样的妇女纳入新的法律秩序之中。

一旦"妾"不再是一个被法律承认的群体,司法院就不得不把它分解为它的各种组成部分。妾不再是妾,当然也不是妻,她在法律的眼中成了女儿、姐妹、母亲、祖母等,而作为这些角色的她和相同角色的其他妇女享有同样的权利和义务。中央政治会议决定不承认妾是一种法律身份,其结果是使妾的实际法律权利发生了极大的变化。

司法院做的两个重要判决对妾的财产权利发生了直接的影响。其一是它坚持妾在法律上是她孩子的母亲,另一个是它强调妾是她丈夫家庭的成员。第一个判决对她的财产继承权至为重要,第二个判决则与她的扶养权关系重大。①

财产继承权

如我们所看到的,在帝制时代和民国初年的法律中,一个人的妻子对妾的子女有完全的法律权力。作为他们的"嫡母",她有权照管他们的成长,安排他们的婚姻,为他们掌管财产,替他们上法庭打官司,等等。妾对自己子女的权利至多只是上述妻的权力的剩余而已;只有在妻子死后,她才能对他们合法地行使父母的职责。

这种妻子的特权在国民党新的法律秩序中找不到它的位置。民国民法只承认两种亲子关系:血缘关系和正式领养关系。相应

---

① 因为民国民法不承认宗祧继承,而法庭也不再审理承祧的案例,所以在这方面妾和妻一样,她们在择嗣中的地位也不再是一个法律问题。

地,司法院判决妾是她所生育子女有血缘关系的直系尊长,他们则是她有血缘关系的直系后代。妻子对妾的孩子绝无父母的权利。(《司法院解释例全文》,1946:第 237、585、1226 号)妾在中国历史上第一次可以对自己生育的子女行使充分的母亲的权利。

如民国民法所定义的,这些权利现在包括在某些情况下由父母来继承他们子女或孙子女的财产。父母作为第二继承人,有法定的权利去继承一个未婚而无后代子女的全部财产。若孩子已婚,死后留下配偶,父母将和这配偶均分孩子的财产。祖父母作为第四继承人,有权继承未婚孙子或孙女的全部财产,若他或她没有后代,也没有父母和兄弟姐妹;或继承三分之一的财产,若该孙子或孙女已婚(三分之二归其配偶)。

对妾和她后代关系的重新定义意味着她获得了和任何父母或祖父母一样的法定继承权(《司法院解释例全文》,1946:第 585 号)。在我们手头的北平的继承案例中就有一个妾运用民国民法中新获权利的例子。1933 年,35 岁的王梁国桢为她的"丈夫"王汝贤的 200 000 元财产向北平地方法院提起诉讼。王汝贤 1922 年去世时她开始掌管家业,当时的全部家庭成员包括王梁国桢本人,她的幼子王元隽(3 岁),另一个妾王彭世桢及她的女儿王元昭(5 岁),加上一个同姓养子王元鸣(14 岁)及原为异姓的另一养子王元义(17 岁)。

引发这场官司的是 1932 年妾梁氏的儿子元隽的死亡。在她的状词中,王梁国桢指控两个现已成人的养子霸占家产,并拒绝扶养她和王彭世桢及她的女儿。她因此请求法庭将财产在家庭成员中分割。她提出她本人在本案中有特别的权利,因为她的儿子已死而未婚无子女,所以她应根据民法得到他的继承份额。

两个养子,元鸣和元义争论说,他们父亲死于民国民法施行之前,所以本案应按旧法律来判决。姜梁氏因此只有扶养权,而没有任何权利来继承她儿子的遗产份额。

北平地方法院否定了他们的论点。法庭判决道,虽然父亲去世的日期对决定如何在孩子间分割遗产是重要的,但梁氏儿子去世的日期对决定梁氏是否能继承财产才是真正重要的。根据1922年王汝贤死时的法律,元义作为一个异姓养子有权得到一些财产,但没有他兄弟所能得的那样多,王元昭则至多只能得到一份嫁妆。但根据元隽死时的法律,其生母姜梁氏完全有权继承他的那份财产。法庭判决另一个妾王彭世桢得8%的财产为扶养费,她的女儿元昭得10%的财产作嫁妆,异姓养子元义得10%的财产。剩下72%的财产在另一养子元鸣和梁氏之间均分。梁氏因此得到200 000元家产中的72 000元。(北京地方法院:65-5-261-263)

扶养

大理院将纳妾解释为一个妇女和家长的特殊的契约关系,司法院明确推翻这种解释,并进一步判决妾只是家长家中的一个成员。如民国民法所定义的,家由"以永久共同生活为目的同居一家者"组成,包括所有亲戚和非亲戚。(第1122、1123条)妾作为家属,与家长(她丈夫)的关系同其他家属与他的关系在法律上没有区别(白凯[Bernhardt],1994:211)。

这一解释对妾既是帮助也是伤害。在婚姻问题上,如我在其他地方讨论过的,她获得了新的自由,即她与她的丈夫/家长间关系的解除不再属于离婚法律管辖的范畴,而是由家属与家庭分居的法律来管辖。(白凯[Bernhardt],1994:209—212)和其他成年家属一样,她现在有在任何时候离家,甚至违背家长的意愿离家的完全自由。(第1127条)或许更为重要的是,和其他家属一样,若无正当的理由,家长不可以将她逐出家门。(第1128条)在这些方面,司法院的解释直接改善了妾在新的法律中的地位。

但是现在扶养已经与财产脱钩而与人挂钩,寡妾与寡媳现在要承受同样家属的资格,同时也就丧失了受扶养的权利。

在新的法律秩序中,寡妾与她亡夫家庭的成员间相互疏远的理由是什么无关紧要,1935年最高法院的一个案例明确地说明了这一点。妾阎李氏的丈夫阎庭瑞失踪后被断定死亡,之后,阎李氏继续与阎妻和阎子同住。她在诉讼中指控他们对她的各种虐待,要求法庭判给她生活费让她分居。她在天津地方法院和河北高等法院都打赢了官司,两院的判决根据的都是旧法律中关于扶养权的规定。但在最高法院她输了。最高法院判决若妾不愿与家长亲属住在一起,无论因为什么,她都不能向他们要求扶养。(《司法公报》[南京],1935.12.10:28—30)

寡妾的扶养权在旧法和新法之间的不同在一个早先的案例中有很好的说明。该案于1930年末在北平地方法院提起诉讼。据原告崔张氏说,她的丈夫崔汉臣的前妻有神经病,不能理家,因此他在1927年通过正式仪式娶她为二房妻室,此后她住进崔家,照料家务,并协助丈夫理财。崔汉臣于1930年夏死后,她与其前妻和他子女、孙子女的关系本来就紧张,现在更是无法忍受。她没有办法,只能离开崔家,跑回娘家栖身。她要求作为一个妻子得到家产的一份。

被告崔汉臣前妻、一个女儿和两个孙子声称原告只是一个妓女,崔汉臣与她只有性关系。她无权称自己是妾,更不用说是妻,因为她甚至没有和崔住在一起,只是在深夜溜进家来和他幽会,然后在早上离去。因她既不是妻也不是妾,所以她根本没有权利对他们提要求。

北平地方法院发现崔张氏确实在崔家住了几年。因为崔汉臣已婚,所以在法律上她只能是他的妾,尽管他们的关系开始时有一个仪式。但是作为妾,她有充分的权利受扶养。法庭写道,她最好能和被告住在一起,但既然她觉得无法做到这一点,他们仍有责任提供扶养。崔汉臣的财产,24处房产和2900亩地,价值在100 000元。法庭一次性判给崔张氏5000元,这笔钱的利息为30至40元一月,可作为她的生活费。

被告向河北高等法院提出上诉。这一次他们改变了策略,争论说新的民法不承认妾的法律身份,因此只有当她仍是家属时他们才有责任去扶养她。现在她已离家别居,就丧失了家属的资格和受扶养的权利。

他们的论点未被接受。河北高等法院承认他们对民国民法扶养规定的理解是正确的,但指出崔张氏成为崔家的妾是在民法生效以前。因此关于扶养的有效的法律是先前的法律,根据那个法律,同居不是必须的条件。高等法院接着肯定了她的5000元的权利,最高法院对进一步的上诉也做了同样的判决。(北京地方法院:65-5-135-138)如我们以前所看到的,时机可以给一个诉讼案造成截然不同的结果。

具有讽刺意味的是,根据民国民法的规定,一个从未与丈夫家庭住在一起的妾倒比一个这样做的妾有更大的法律机会在丈夫死后得到他家庭的扶养。民国民法中没有任何规定禁止一个人组织两个或两个以上的家庭,即和妻子及其子女组成一家,而和妾及其子女组成另一个家。对审理妾的相关诉讼在这种情况下可选择的法律手段,让我们来看下面这个例子。

1940年,45岁的妻子丁朱淑英和她的三个成年子女在上海第一特区地方法院向她丈夫的"姘妇",44岁的丁吴蕙珍,以及她的年轻养子提起诉讼。丁朱淑英在状纸中说,在她丈夫丁从道死后,被告吴蕙珍在本年早些时候找了一个律师,并在当地报纸上发表声明说她是丁从道的合法妻子,除她以外没有人能继承他的财产。原告说在这种情况下他们没有别的选择,只能向法庭揭露被告妄图霸占财产的阴谋,并请求法庭确认他们才是丁从道的合法妻子和子女。他们称丁从道和吴蕙珍只是姘居,她只是他的姘妇,没有合法的家属身份,因此无权得到任何财产。他们争论说对那个养子来说,情况也一样,因为民国民法明确说只有当配偶双方都认可时一个养子才是合法的(第1074条),原告丁朱淑英显然对此养子没有认可。

吴蕙珍的辩护中虽然承认她和丁从道没有经过正式的结婚仪式,但坚持他们是夫妻。他们自1932年以来一直共同拥有一个家庭,他提供她所有的花费,他们还一起领养了一个儿子,他在与朋友的谈话和书信中称她为妻子。显然他们作为一个家庭生活在一起,作为他的妻子和儿子,他们有权继承他的财产。

法官判定原告有理，但加了一个警告，这为被告开了一扇门。他判决吴蕙珍作为姘妇而不是合法妻子，没有权利继承丁的财产。① 那个养子不是丁的合法养子，因为他不是丁和丁妻一起领养的。不过法官相信吴蕙珍母子都有合法权利得到丁的财产的扶养。其根据是民国民法第1123条，该法律说"虽非亲属而以永久共同生活为目的同居一家者视为家属"。丁从道在他头脑里对他和吴蕙珍的关系显然有这样的想法，因为他们住在一起，并领养了一个儿子，虽然这领养并不合法。作为家属，她和这个男孩有权得到他财产的一份，如民国民法第1149条所说，"被继承人生前继续扶养之人应由亲属会议，依其所受扶养之程度及其他关系，酌给遗产"。因为丁从道生前扶养吴蕙珍和领养的男孩，所以在他死后应继续用他的财产来扶养他们。(上海第一特区地方法院：180-1-48)受法律程序的制约(吴蕙珍和她的养子是讼案中的被告而不是原告)，法官不能判给他们扶养费，但是他的判决为接下来一轮的诉讼铺平了道路。

报纸上的案例告诉我们，其他分居的妾确实利用这两条法律从亡夫家里为自己争得了扶养费。1932年在上海，29岁的妾陈宝琴成功地和其亡夫方文学的妻子及母亲打了一场官司，得到了每月200元的扶养费。(《申报》，1932.8.30)同样地，1934年也是在上海，先前是妓女的胡薛氏因为和已故商人胡淦卿曾生活在一起，

---

① 如果吴蕙珍和丁从道举行过一个符合民国民法要求的合法的婚礼(公开的婚礼，有二位以上证人出席)，她就有权继承他的部分财产。1940年司法院解释，只要重婚没有被法庭废除，重婚的女子就有妻子的身份，并有权继承一份她丈夫的财产，价值相当于第一个妻子份额的一半。(《司法院解释例全文》，1946：第1985号)

赢了对死者儿子的官司。法官判决她每月得100元扶养费。(《申报》,1934.3.19,1934.4.2,1934.4.16,1934.4.22)这些妇女不是以妾的身份,而是以她们家长的家属之身份打赢了官司。

因此民国民法对妾的财产权利的影响明显是利弊参半的,它在某些情况下赋予了她以前所没有的权利,但在另外的场合又剥夺了她先前享有的权利。重要的是,她从民国民法所得到的权利和义务都不是因为她是妾,因为民国民法根本不承认这种身份,而是因为她属于女儿、姐妹、母亲、祖母及家属这个群体。妾在法律上不再作为妾而存在。

在很大程度上,民国民法的设计者们和在他们之前的大理院一样,为一夫一妻制制造了法律上的假象。大理院和国民党都没有将纳妾定为有罪,因此相当于允许它继续存在。但在同时,他们又坚持一夫一妻制为社会的规范。大理院决心逆转明清以来的妻妾平权的趋势,在所有方面都判定妾的权利和义务不同于妻。通过这种做法,它制造了一个假象,即"中国实行一夫一妻,因为妾在法律上不是妻"。国民党的立法者们通过在法律领域里根本不承认妾,更进一步强化了这个假象:"中国实行一夫一妻制,因为妾在法律中不再存在。"但不论法律假象如何,对纳妾问题这样的处理方法对妾的财产权利都有非常实际的结果。

结 论

对妇女各种角色的深入研究表明,分家和承祧是两个不同的过程和概念体系,它们对财产继承有不同的关系。前者是当男子有亲生儿子时的财产继承原则,后者则是当他没有亲生儿子时的财产继承原则。对妇女来说,男性在场还是缺席对她们至关重要。在帝制时代,妇女在分家过程中的权利没有什么变化,自宋代以来她们仅有的权利是一笔嫁妆和扶养费。但是她们在承祧中的权利有重大变化。

如我们所看到的,帝制时代经历了三种截然不同的承祧制度。首先在宋代,妇女可以因男性的缺席而继承财产,宗祧继承还未成为一个普遍的法律规定。在明初,由于强制侄子继嗣的实施,妇女的财产权利发生了急剧的收缩。女儿不再能因为没有兄弟而继承财产,她必须让位给四世以内的所有叔伯兄弟。同样,寡妇也不再能因为无子而继承丈夫的财产,她只能充当财产监护人,为应继(与亡夫关系最近的侄子)保管财产,她现在有法律上的义务过继他。最后,在清代中叶,由于新的法律允许寡妇在族侄中自由择继,寡妇的财产监护权大大地扩张。明末清初以来,法官们为褒奖守志寡妇而允许她们在择嗣时有更大的自由,法律这样做只是在认可久以为常的司法实践而已。

父亲/丈夫的族亲是受妇女权利的这些变化冲击最大的群体。原先只要寡妇和女儿健在,他们对继承就毫无权利。到明初,在严格、僵硬的强制侄子继嗣制度下,他们才对继承有了优先权。虽然在清代他们继续保有这样的权利,但随着清律的修改,寡妇获得了决定选择哪个侄子继嗣的绝对权利,他们在继承中的优先权因此丧失了部分基础。

以往的学术界未能把握这些变化,其原因是它未能区分承祧和分家,而之所以未能区分这两者,是因为它基本上只是从男性的角度来思考继承问题。站在男性的角度来看,承祧和分家就是互为支持的,因为它们是子承父业这同一事物的两个侧面。这是仁井田陞和滋贺秀三这两位中国法制史领域的泰斗共同持有的基本观点。他们两人都确信分家和承祧完全吻合,结果他们都认定在中国的帝制时代,继承制度基本上延续不变。① 只有当我们把承祧从分家中分离出来,就其本身来做分析,我们才能充分把握继承制度在帝制中国变化的模式。

对民国时期的情况也应作如是观,重要的是认识到两者是有着不同的概念逻辑和不同的结果的。当然一方发生变化必然会影

---

① 如第一章所讨论的,仁井田和滋贺确实注意到宋代女儿有更大的继承权。但他们都认为宋代法律在这个问题上是独特的(虽然原因不同),两人都认为在中国的帝制时代,继承制度本质上是延续的。

响另一方,但如果不推翻双方各自的逻辑和过程,继承制度作为一个整体就不可能得到改造。

民国初年是一个过渡时期。清律和它对继承的规定仍然有效,被民国初年的统治者采纳来作为法律。大理院因此是在分家和承祧的法律框架内运作的。但是同时它对旧法律的解释给予了寡妇在择嗣上的绝对自由。在清中叶,寡妇在选择侄子继嗣时可以无视亲疏秩序,现在她则可以根本不从族侄中择嗣。大理院的判决因此有效地结束了强制侄子继嗣的规定。这是大理院时期在继承制度上的最重要变化,而它完全是在承祧法律的范围之内完成的。

国民党的立法者们决心推翻旧继承制度的逻辑本身,而不仅仅是对它重新加以解释。他们把注意力集中在承祧制度上,在他们看来,这一制度是"封建"理念和实践的根源,正是它剥夺了妇女的继承权。他们相信,如果他们能摧毁承祧,而代之以个人财产(与家产相对立)和男女平等(与儿子独享继承相对立)的权利原则,他们就能对旧的继承制度施以毁灭性的打击,而妇女就能因此得到和男子一样的平等权利。

但实际发生的情况在好几个方面与他们的期望背道而驰。首先,由于没有将分家作为一个独立的过程来对待,他们不自觉地让它继续存在。他们的假定是赋予妇女平等的继承权就会结束儿子独享的分家制度,但在事实上,他们所援引的西方继承理论只有在财产所有者逝世的时刻才产生效果,所以只有在死后继承的情况下,妇女的平等继承权才能实现。这样,在实际上,财产所有者在生前以赠与为手段继续传统的分家惯行得到了法律上的许可。一个父亲只要在生前分掉自己的财产,就可以剥夺他女儿的继承权。

结果女儿并未得到国民党立法者们希望给予她们的继承权。

其次,国民党立法者们也剥夺了寡妇在先前法律中所享有的财产监护权。一旦她的丈夫死去,不论她的愿望如何,她亡夫的财产都会被分给他所有的继承人。她不再能通过立继来确保她对财产的控制。确实,立法者们也给予了寡妻一份她丈夫的财产,但她在财产继承上的这一所得是以她丧失对丈夫所有财产的监护权为代价的。他们废除承祧对寡媳和寡妾的负面影响则更大,因为她们在监护权上的损失无法从对丈夫财产的继承权上得到弥补。国民党立法者们看不到这些问题,因为他们并没有从作为不同角色的妇女的角度来考虑继承制度。

因此,国民党的"现代"法律对妇女有着多重的结果。不像立法者们所希望的,对妇女来说,并不存在一个简单的从没有财产权利向享有充分财产权利的过渡。相反,分家的惯行顽固地延续着,虽然穿着不同的法律外衣。妇女在承祧制度下所享受的财产监护权丧失殆尽,而只在继承权的获得上得到部分补偿。结果在民国民法中妇女虽有所得,但也有所失。

在结束之前,有必要简单思考一下本书对妇女史的意义。当我开始本书的研究时,我并不能确定它是仅仅告诉我们关于继承制度故事中未曾揭示过的部分呢,还是会对我们理解帝制后期和民国时期的继承制度的整体有更广的意义。现在,当本书结束的时候,我可以说,对妇女财产权利的深入研究,使我不仅对妇女的继承权有了完全不同的理解,而且对支配继承制度的两套概念系统的逻辑和结果有了完全不同的理解。妇女的故事因此就并不仅仅是关于妇女本身的,而是对中国继承制度整体的重新思考。

引用书刊书目

本书在引用文献时缩写了一些特别长的中文著述和档案资料的题目,相应条目已在正文中以脚注形式说明。引用时第一个数字为律的序数,如有第二个数字,则为例的序数。民国民法在引用时仅标明法律条款的序数。书目中所列文献,在方括号中标注首次出版时间,正文及脚注中仅标注首次出版时间。

中日文征引书目

包世臣(1968[1888]),《安吴四种》,台北:文海出版社重印。

宝坻县档案,北京:第一历史档案馆。(归档顺天府;引用时注明卷数和阴历日期)

巴县档案,成都:四川省档案馆。(引用时注明归档号、卷数和阴历日期)

北京地方法院,北京:北京市档案馆。(按分类编号引用)

蔡新(1972[无出版年代]),《继嗣说》,载贺长龄编(1972[1826])《皇朝经世文编》,59,台北:文海出版社重印,第2b—3b页。

陈鹏(1990),《中国婚姻史稿》,北京:中华书局。

陈智超(1987),《宋史研究的珍贵史料——明刻本〈名公书判清明集〉介绍》,载《名公书判清明集》(1987[宋]),北京:中华书局重印,第645—686页。

程酥(1972[无出版年代]),《浙鸿爪印》,台北:文海出版社重印。

《大明会典》(1964[1587]),台北:东南书报社重印。

《大清现行刑律案语》(1909),沈家本主编,北京:法律馆。

戴兆佳(1970[1721]),《天台治略》,台北:成文出版社重印。

大理院,南京:第二历史档案馆。(按分类编号引用)

《大理院解释例全文》(1931),郭卫编,上海:上海法学编译社。

《大理院判决例全书》(1972[1933]),郭卫编,台北:成文出版社重印。

淡新档案,戴炎辉编目,加利福尼亚大学洛杉矶校区东亚图书馆缩微胶卷。

《大晚报》,上海。

邓瑶(1972[无出版年代]),《与友人论侄嗣姑后书》,载盛康编(1972[1897])《皇朝经世文编续编》,67,台北:文海出版社重印,第53a—54a页。

董家遵(1991[1937]),《历代节妇烈女的统计》,载高洪兴等

编《妇女风俗考》,上海:上海文艺出版社,第 578—584 页。(原载《现代史学》,3.2)

董沛(1884,按序言日期),《晦阁斋笔语》。

董沛(1883,按序言日期),《汝东判语》。

董沛(1881,按序言日期),《吴平赘言》。

《法律草案汇编》(1973),台北:成文出版社。

樊增祥(1971[1910]),《樊山政书》,台北:文海出版社重印。

樊增祥(1978[1897]),《樊山批判》,台北:文海出版社重印。

高庭瑶(1862),《宦游记略》。

《各级审判厅试办章程》(1911[1907]),载《新法令辑要》,上海:商务印书馆。

桂丹盟(1972[1863]),《宦游记略》,台北:广文书局重印。

《古今图书集成》(1985[1728]),北京:中华书局重印。

贺长龄编(1972[1826]),《皇朝经世文编》,台北:文海出版社重印。

胡季堂(1972[1773]),《请订继嗣条规疏》,载贺长龄编(1972[1826])《皇朝经世文编》,59,台北:文海出版社重印,第 5a—6a 页。

胡学醇(1851,按序言日期),《问心一隅》。

黄文肃(无出版年代),《勉斋先生黄文肃公文集》,《名公书判清明集》(1987[宋]),附录,北京:中华书局重印,第 569—613 页。

黄彰健编(1979),《明代律例汇编》,台北:"中研院"。

纪大奎(1972[无出版年代]),《宗法论》,载贺长龄编(1972[1826])《皇朝经世文编》,58,台北:文海出版社重印,第 2a—

5b 页。

《嘉兴府志》(1879)。

《继承法先决各点审查意见书》(1960[1930]),载《中华民国法制资料汇编》第3卷,台北:"司法行政部",第19—24页。

经君健(1993),《清代社会的贱民等级》,杭州:浙江人民出版社。

京师高等审判厅,南京:第二历史档案馆。(按分类编号引用)

蒯德模(1874,按序言日期),《吴中判牍》。

李陈玉(1636),《退思堂集》。

李佳(1904,按序言日期),《柏垣琐志》。

李钧(1833),《判语录存》。

李清(1989[明末,无出版年代]),《折狱新语》,华东政法学院法律古籍整理研究所整理,长春:吉林人民出版社。

李焘(1974[无出版年代]),《续资治通鉴长编》,台北:世界书局重印。

李新(无出版年代),《跨鳌集》。

李渔(1667,按序言日期),《资治新书》。

李之芳(1654),《棘听草》。

梁章钜(1969[1875]),《退庵随笔》,台北:文海出版社重印。

刘纪华(1991[1934]),《中国贞节观念的历史演变》,载高洪兴等编《妇女风俗考》,上海:上海文艺出版社,第515—544页。(原载《社会学界》卷8)

刘克庄(无出版年代),《后村先生大全集》,四部丛刊本。

刘郎泉(1931),《我国女子取得财产继承权的经过》,《妇女杂志》第17卷第3期(3月),第13—21页。

刘如玉(1972[1860,按序言日期]),《勤慎堂自治官书偶存》,台北:文海出版社重印。

刘翠溶(1983),《明清人口之增殖与迁移》,载许倬云、毛汉光、刘翠溶编《中国社会经济史研讨会论文集》,台北:汉学研究中心。

《六法全书》(1932),上海:上海法学编译社。

卢崇兴(1739,按序言日期),《守禾日记》。

卢见曾(1876[1725,按序言日期]),《雅江新政》,成都:会元堂重印。

陆维祺(1893),《学治偶存》。

陆心源(1967[无出版年代]),《宋史翼》,台北:文海出版社重印。

逯英(1746,按序言日期),《诚求录》。

罗鼎(1946[1933]),《民法继承论》,上海:会文堂新记书局重印。

马端临(1963[1324]),《文献通考》,台北:新兴书局重印。

《名公书判清明集》(1987[宋]),北京:中华书局重印。

《民国杭州府志》(1993[1916]),上海:上海书店重印。

《明律集解附例》(1969[1898]),台北:成文出版社重印。

《女子继承权详解》(无出版年代),上海:上海中央书店。

潘杓灿(1688,按序言日期),《未信编》。

潘维和(1982),《中国历次民律草案校释》,台北:翰林出版社。

盘崎野人(1835),《居官寡过录》。

秦蕙田(1972[无出版年代]),《辨小宗不立后》,载贺长龄编

(1972[1826])《皇朝经世文编》,59,台北:文海出版社重印,第1b—2a页。

《钦定礼部则例》(1966[1845]),台北:成文出版社重印。

《清会典事例》(1991[1899]),北京:中华书局重印。

《庆元条法事类》(1990[1203]),薛允升编,北京:中国书店重印。

《亲属法先决各点审查意见书》(1960[1930]),载《中华民国法制资料汇编》第3卷,台北:"司法行政部",第11—18页。

曲阜师范学院历史系编(1980),《曲阜孔府档案史料选编》,济南:齐鲁书社。

上海第一特区地方法院,上海:上海市档案馆。(按分类编号引用)

《山西通志》(1990[1892]),北京:中华书局重印。

沈家本(1985[无出版年代]),《历代刑法考》,北京:中华书局重印。

《沈刻元典章》(1985[1908]),北京:中国书店重印。

沈衍庆(1969[1862]),《槐卿遗稿》,台北:文海出版社重印。

《申报》,上海。

《申报年鉴》(1933),上海:申报年鉴社。

盛康编(1972[1897]),《皇朝经世文编续编》,台北:文海出版社重印。

《时报》,上海。

《实报》,北平。

《时事新报》,上海。

四川档案馆编(1991),《清代巴县档案汇编:乾隆卷》,北京:档案出版社。

《司法公报》,南京。

《司法院解释例全文》(1946),郭卫编,上海:上海法学编译社。

《宋会要辑稿》(1964),杨家骆编,台北:世界书局。

《宋刑统》(1984[963]),吴翊如点校,北京:中华书局重印。

《宋史》(1977[无出版年代]),北京:中华书局重印。

孙鼎烈(1904),《四西斋决事》。

《太湖理民府文件》(1990),东京:缩微中心。

《台湾私法人事编》卷4(1961),台湾银行经济研究室编,台北:台湾银行。(本编节译自1910年日文《台湾私法》)

《唐会要》(1991[无出版年代]),上海:上海古籍出版社重印。

《唐律疏议》(1983[无出版年代]),刘俊文点校,北京:中华书局重印。

汪辉祖(1970[1889]),《汪龙庄遗书》,台北:华文书局重印。

汪辉祖(1796),《病榻梦痕录》,台北:广文书局重印。

汪琬(1972[无出版年代]),《置后解》,载贺长龄编(1972[1826])《皇朝经世文编》,59,台北:文海出版社重印,第1a—1b页。

魏天安(1988),《宋代"户绝条贯"考》,《中国经济史研究》第3期(3月),第31—38页。

吴光耀(1903,按序言日期),《秀山公牍》。

吴宏(1721,按序言日期),《纸上经论》。

吴昆田(1972[无出版年代]),《继嗣义例问答》,载盛康编

(1972[1897])《皇朝经世文编续编》,67,台北:文海出版社重印,第16a—19a页。

吴坛(1992[约1780]),《大清律例通考校注》,马建石、杨育棠标点,北京:中国政法大学出版社。

《吴江县志》(1991[1747]),南京:江苏古籍出版社重印。

伍瑞锴(1930),《论女子财产承继权问题》,《妇女杂志》第16卷第2期(2月),第21—63页。

邢铁(1992),《宋代的财产遗嘱继承问题》,《历史研究》第6期(6月),第54—66页。

《刑案汇览》(1968[1886]),台北:文海出版社重印。

《刑台法律》(1990[明]),北京:中国书店重印。

《新刻法笔天油》,清代。

《新增刑案汇览》(1968[1886]),见《刑案汇览》附录。

徐百齐(1935),《民法继承》,上海:商务印书馆。

许涤新、吴承明编(1990),《中国资本主义发展史》卷2《旧民主主义革命时期的中国资本主义》,北京:人民出版社。

徐士林(1906),《徐雨峰中丞勘语》,武进:李氏圣译楼。

《续资治通鉴》(1958[无出版年代]),毕沅等编,北京:古籍出版社重印。

薛允升(1970[1905]),《读例存疑》,黄静嘉点校,台北:成文出版社。

《续增刑案汇览》(1968[1886]),见《刑案汇览》附录。

杨一凡(1992),《洪武法律典籍考证》,北京:法律出版社。

袁俐(1991),《宋代女性财产权述论》,载鲍家鳞编《中国妇女史论集续集》,台北:稻香出版社,第 173—213 页。(原载 1988 年《宋史研究集刊》,杭州:浙江省社联探索杂志)

张肯堂(1970[1634,按序言日期]),《萤辞》,台北:学生书局重印。

张五纬(1812,按序言日期),《讲求共济录》。

张虚白(1930),《女子财产继承权详解》,上海:上海法政学社。

张甄陶(1972[无出版年代]),《示邑民争祀谳语》,载贺长龄编(1972[1826])《皇朝经世文编》,59,台北:文海出版社重印,第 6b—8b 页。

赵凤喈(1928),《中国妇女在法律上之地位》,上海:商务印书馆。

赵雅书(1969),《宋代的田赋制度与田赋收入状况》,台北:精华印书馆。

《直隶高等审判厅判牍集要》(1915),共 4 卷,天津:商务印书馆天津印刷局。

钟体志(1890),《柴桑佣录》,无出版地:澡雪堂。

朱家源(1983),《两宋社会经济关系的变化与农民阶级》,载庄昭编《宋史论集》,无出版地:中州书画社,第 244—284 页。

朱轼(1972[无出版年代]),《族谱解惑》,载贺长龄编(1972[1826])《皇朝经世文编》,58,台北:文海出版社重印,第 16a—17a 页。

《宗藩条例》(1994[1565]),载刘海年、杨一凡编《中国珍稀法律典籍集成》,第 2 编卷 1《明代条例》,北京:科学出版社,第 509—602 页。

《最高法院解释例全文》(1946),郭卫编,上海:上海法学编译社。

《最高法院判例汇编》(1929—1937),共 28 册,上海法学编译社编,上海:会文堂新记书局。

夫馬進(1993),「中国明清時代における寡婦の地位と強制再婚の風習」,前川和也編『家族・世帯・家門-工業化以前の世界から』,京都:ミネル書房,第249—287頁。

板橋真一(1993),「宋代の戸絕財產と女子の財產権をめぐって」,『柳田节子先生古稀記念:中国の伝統社会と家族』,東京:汲古書院,第365—382頁。

永田三枝(1991),「南宋期における女性の財產権について」,『北大史学』第31号(8月),第1—15頁。

中田薫(1971[1943]),「唐宋時代の家族共產制」,中田薫『法制史論集』,東京:岩波書店重印,第1295—1360頁。

仁井田陞(1967[1937]),『唐宋法律文書の研究』,東京:大安。

仁井田陞(1964),『中国法制史研究:法と慣習・法と道徳』,東京:東京大学出版会。

仁井田陞(1962),『中国法制史研究:奴隸農奴法・家族村落法』,東京:東京大学出版会。

仁井田陞(1942),『支那身分法史』,東京:東方文化学院。

仁井田陞編(1964[1933]),『唐令拾遺』,東京:東京大学出版会。

仁井田陞編(1952—1958),『中国農村慣行調査』,6卷,東京:

岩波書店。

滋賀秀三(1967),『中国家族法上の原理』,東京:創文社。

滋賀秀三(1953—1955),「中国家族法補考」,『国家学会杂志雜誌』,4つの部分。(1)67.5—67.6(1953-11):第1—31頁;(2)67.9—67.10(1954-8):第54—83頁;(3)67.11—67.2(1954-10):第89—123頁;(4)68.7—68.8(1955-3):第33—57頁。

多賀秋五郎(1960),『宗譜の研究』,東京:東洋文庫。

高橋芳郎,(1995),「親を亡くした女(むすめ)たち——南宋期のいわゆる女子財產權について」,『東北大学東洋史論集』,第六輯,第343—372頁。

柳田節子(1995),『宋元社会经济史研究』,東京:創文社。

柳田節子(1993),「宋代の女户」,『柳田节子先生古稀記念:中国の伝統社会と家族』,東京:汲古書院,第89—105頁。

柳田節子(1990),「宋代女子の財產權」,『法政史学』第42号(3月),第1—14頁。

柳田節子(1989),「南宋期家產分割における女承分について」,衣川強編『集劉子健博士頌壽紀念宋史研究論集』,東京:同朋社,第51—62頁。

英文征引书目

Allee, Mark A. 1994. *Law and Local Society in Late Imperial China: Northern Taiwan in the Nineteenth Century*. Stanford, Calif.:

Stanford University Press.

Barlow, Tani. 1991. "Theorizing Woman: *Funü*, *Guojia*, *Jiating* [Chinese Women, Chinese State, Chinese Family]," *Genders*, no. 10 (Spring): 132-160.

Bernhardt, Kathryn. 1996. "A Ming-Qing Transition in Chinese Women's History? The Perspective from Law." In Hershatter et al., pp. 42-58.

Bernhardt, Kathryn. 1995. "The Inheritance Rights of Daughters: The Song Anomaly?" *Modern China*, 21.3 (July): 269-309.

Bernhardt, Kathryn. 1994. "Women and the Law: Divorce in the Republican Period." In Bernhardt & Huang eds. 1994b, pp. 187-214.

Bernhardt, Kathryn, and Philip C. C. Huang. 1994a. "Civil Law in Qing and Republican China: The Issues." In Bernhardt & Huang eds. 1994b, pp. 1-12.

Bernhardt, Kathryn, and Philip C. C. Huang, eds. 1994b. *Civil Law in Qing and Republican China*. Stanford, Calif.: Stanford University Press.

Birge, Bettine. 1995. "Levirate Marriage and the Revival of Widow Chastity in Yüan China," *Asia Major*, 3d series, 7.2:107-146.

Birge, Bettine. 1992. "Women and Property in Sung Dynasty China (960-1279): Neo-Confucianism and Social Change in Chienchou, Fukien." Ph. D. dissertation, Columbia University.

Buxbaum, David C., ed. 1978. *Chinese Family Law and Social Change in Historical and Comparative Perspective*. Seattle: University of

Washington Press.

Carlitz, Katherine. 1997. "Shrine, Governing-Class Identity, and the Cult of Widow Fidelity in Mid-Ming Jiangnan," *Journal of Asian Studies*, 56.3 (Aug.): 612-640.

Cheng, F. T., tr. 1976 [1923]. *The Chinese Supreme Court Decisions Relating to General Principles of Civil Law, Obligations, and Commercial Law*. Reprint. Arlington, Va.: University Publications of America. [Originally published in Beijing by the Commission on Extraterritoriality.]

Chikusa Tatsuo. 1978. "Succession to Ancestral Sacrifices and Adoption of Heirs to the Sacrifices: As Seen from an Inquiry into Customary Institutions in Manchuria." In Buxbaum, pp. 151-175.

China Law Review.

Chiu, Vermier Y. 1966. *Marriage Laws and Customs of China*. Hong Kong: Chinese University of Hong Kong.

Chow Kai-wing. 1994. *The Rise of Confucian Ritualism in Late Imperial China: Ethics, Classics, and Lineage Discourse*. Stanford, Calif.: Stanford University Press.

Ch'ü T'ung-tsu. 1961. *Law and Society in Traditional China*. Paris: Mouton.

The Civil Code of the Republic of China. 1976 [1930]. Reprint. Arlington, Va.: University Publications of America.

Conner, Alison W. 1994. "Lawyers and the Legal Profession during the Republican Period." In Bernhardt & Huang eds. 1994b, pp.

215-248.

Dardess, John W. 1983. *Confucianism and Autocracy: Professional Elites in the Founding of the Ming Dynasty*. Berkeley: University of California Press.

Ebrey, Patrica Buckley. 1993. *The Inner Quarters: Marriage and the Lives of Chinese Women in the Sung Period*. Berkeley: University of California Press.

Ebrey, Patrica Buckley. 1991a. *Confucianism and Family Rituals in Imperial China: A Social History of Writing about Rites*. Princeton, N. J.: Princeton University Press.

Ebrey, Patrica Buckley. 1991b. "Shifts in Marriage Finance from the Sixth to the Thirteenth Century." In Watson & Ebrey 1991, pp. 97-132.

Ebrey, Patricia Buckley. 1986. "Concubines in Sung China," *Journal of Family History*, 11.1: 1-24.

Ebrey, Patrica Buckley. 1984a. "Conceptions of the Family in the Sung Dynasty," *Journal of Asian Studies*, 43.2 (Feb.): 219-245.

Ebrey, Patricia Buckley. 1984b. *Family and Property in Sung China: Yuan Ts'ai's Precepts for Social Life*. Princeton, N. J.: Princeton University Press.

Ebrey, Patricia Buckley, and James L. Watson, eds. 1986. *Kinship Organization in Late Imperial China*. Berkeley: University of California Press.

Elvin, Mark. 1984. "Female Virtue and the State in China," *Past and Present*, no. 104 (Aug.): 111-152.

Farmer, Edward L. 1995. *Zhu Yuanzhang and Early Ming Legislation: The Reordering of Chinese Society Following the Era of Mongol Rule.* Leiden: E. J. Brill.

The German Civil Code. 1907. Tr. and annotated, with Historical Introduction and Appendixes, by Chung Hui Wang (Wang Chonghui [王宠惠]). London: Stevens & Sons.

Hanley, Susan B., and Arthur P. Wolf, eds. 1985. *Family and Population in East Asian History.* Stanford, Calif.: Stanford University Press.

Harrell, Stevan, ed. 1995. *Chinese Historical Microdemography.* Berkeley: University of California Press.

Hershatter, Gail, Emily Honig, Jonathan N. Lipman, and Randall Stross, eds. 1996. *Remapping China: Fissures in Historical Terrain.* Stanford, Calif.: Stanford University Press.

Holmgren, Jennifer. 1993. "The Economic Foundations of Virtue: Widow Remarriage in Early and Modern China," *Australian Journal of Chinese Affairs*, no. 13(Jan.): 1-27.

Holmgren, Jennifer. 1986. " Observations on Marriage and Inheritance Practices in Early Mongol and Yuan Society, with Particular Reference to the Levirate," *Journal of Asian History*, 20.2: 127-192.

Huang, Philip C. C. 2001. *Code, Custom, and Legal Practice in China: The Qing and the Republic Compared.* Stanford, Calif.: Stanford University Press.

Huang, Philip C. C. 1996. *Civil Justice in China: Representation and Practice in the Qing.* Stanford, Calif.: Stanford University Press.

Huang, Philip C. C. 1991. "Civil Justice in Rural China during the Qing and the Republic." Paper presented at the conference on Civil Law in Chinese History, UCLA, Aug.: 12–14.

Huang, Philip C. C. 1985. *The Peasant Economy and Social Change in North China.* Stanford, Calif.: Stanford University Press.

Jamieson, George. 1921. *Chinese Family and Commercial Law.* Shanghai: Kelly & Walsh.

Jaschok, Maria. 1988. *Concubines and Bondservants: A Social History.* London: Zed Books.

Jing Junjian. 1994. "Legislation Related to the Civil Economy in the Qing Dynasty." Tr. Matthew Sommer. In Bernhardt & Huang eds. 1994b, pp. 42–84.

Langlois, John D., Jr. 1981. "Political Thought in Chin-hua Under Mongol Rule." In Langlois, ed., *China Under Mongol Rule.* Princeton: Princeton University Press, pp. 137–185.

"Law Governing the Application of the Book of Inheritance of the Civil Code."1930. In *The Civil Code of the Republic of China.*

Lee, Bernice June. 1975. "The Change in the Legal Status of Chinese Women in Civil Matters from Traditional Law to the Republican Civil Code."Ph. D. dissertation, University of Sydney.

Lee, James, and Cameron Campbell. 1997. *Fate and Fortune in Rural China: Social Organization and Population Behavior in Liaoning, 1774–1873.* Cambridge, Eng.: Cambridge University Press.

Lee, James, Cameron Campbell, and Lawrence Anthony. 1995. "A Century of Mortality in Rural Liaoning, 1774–1873." In Harrell, pp. 163–182.

Liu Ts'ui-jung (Liu Cuirong). 1995. "A Comparison of Lineage Populations in South China, ca. 1300–1900." In Harrell, pp. 94–120.

Macauley, Melissa. 1998. *Social Power and Legal Culture: Litigation Masters in Late Imperial China.* Stanford, Calif.: Stanford University Press.

Mann, Susan. 1997. *Precious Records: Women in China's Long Eighteenth Century.* Stanford, Calif.: Stanford University Press.

Mann, Susan. 1991. "Grooming a Daughter for Marriage: Brides and Wives in the Mid-Ch'ing Period." In Watson & Ebrey eds. , pp. 204–230.

Mann, Susan. 1987. "Widows in the Kinship, Class, and Community Structures of Qing Dynasty China," *Journal of Asian Studies*, 46.1 (Feb.): 37–56.

McKnight, Brian E. 1992. *Law and Order in Sung China.* Cambridge, Eng.: Cambridge University Press.

McKnight, Brian E. 1987. "From Statute to Precedent: An Introduction to Sung Law and Its Transformation. " In McKnight, ed. *Law and the State in Traditional East Asia: Six Studies on the Sources of East Asian Law.* Honolulu: University of Hawaii Press, pp. 111–131.

McKnight, Brian E. 1971. *Village and Bureaucracy in Southern Sung China.* Chicago: University of Chicago Press.

Meijer, Marinus Johan. 1976[1950]. *The Introduction of Modern Criminal Law in China*. Reprint. Arlington, Va.: University Publications of America.

Shiga Shuzo. 1978. "Family Property and the Law of Inheritance in Traditional China." In Buxbaum, pp. 109-150.

Smith, Paul J. 1991. *Taxing Heaven's Storehouse: Horses, Bureaucrats, and the Destruction of the Sichuan Tea Industry, 1074-1224*. Cambridge, Mass.: Council on East Asian Studies, Harvard University.

Sommer, Matthew H. 1996. "The Uses of Chastity: Sex, Law, and the Property of Widows in Qing China." *Late Imperial China*, 17.2 (Dec.): 77-130.

Sommer, Matthew H. 1994. "Sex, Law, and Society in Late Imperial China." Ph. D. dissertation, University of California, Los Angeles.

Telford, Ted A. 1995. "Fertility and Population Growth in the Lineages of Tongcheng County, 1520-1661." In Harrell, pp. 48-93.

T'ien Ju-k'ang. 1988. *Male Anxiety and Female Chastity: A Comparative Study of Chinese Ethical Values in Ming-Ch'ing Times*. Leiden: E. J. Brill.

Van der Valk, Marc. 1969[1939]. *An Outline of Modern Chinese Family Law*. Beijing: Henri Vetch. Reprint. Taibei: Chengwen Publishing Co.

Wakefield, David. 1998. *Fenjia: Household Division and Inheritance* in Qing and Republican China. Honolulu: University of Hawaii Press.

Wakeman, Frederic, Jr. 1985. *The Great Enterprise: The Manchu Reconstruction of Imperial Order in Seventeenth-Century China*. 2 vols. Berkeley, Calif.: University of California Press.

Waltner, Ann. 1990. *Getting an Heir: Adoption and the Construction of Kinship in Late Imperial China*. Honolulu: University of Hawaii Press.

Watson, Rubie S. 1991. " Wives, Concubines, and Maids: Servitude and Kinship in the Hong Kong Region, 1900 – 1940." In Watson & Ebrey eds. 1991, pp. 231-255.

Watson, Rubie S. , and Patricia Buckley Ebrey, eds. 1991. *Marriage and Inequality in Chinese Society*. Berkeley: University of California Press.

Xu Xiaoqun. 1997. "The Fate of Judicial Independence in Republican China, 1912-1937." *China Quarterly*, no. 149 (March): 1-28.

索　引

(索引中的页码系指原书页码,即本书的边码)

本索引汉译词条按汉语拼音字母顺序排列,在本索引中,页数后面加"n",指本条目出现在此页脚注中。

A

爱继:大理院与,85—86;明律论爱继,64;明清时期寡妇择继,65—71;乾隆谕旨论爱继,71—72。参见强制侄子继嗣;应继;寡妇立继

B

本书的史料,6—7
Birge, Bettine, 48n

步宝玉,142
步吉臣,142
步满玉,142
步生玉,142

C

财产赠与(民国民法中的),152—159,198
蔡福林,138
蔡杭,60
常黄氏,122

常润峰,122

常振泰,122

"召接脚夫",57

陈宝琴,195

陈方金卿,148,149—150

陈公达,145

陈公孟,145

陈公治,145

陈金崇(罗金雄),94

陈静斋,145

陈奎根,105

陈名显,94

陈杜氏,94—100

陈巧芬,145

陈松云,105

陈文广,94—100

陈文海,94—100

陈文魁,94—100

陈文泉,94—100

陈文祥,94—100

陈永志,94—100

陈朱淑英,154—155

程迥,165

承祧:承祧诉讼的普遍性,3,52;定义,2,47;对承祧的流行看法,2;分家对承祧,49—53,196—197;古典理念与承祧,21—22,23;兼祧,44—45,183—186;"利"与"义",66—67,85;女儿给半法律的后果,30;普遍性,3;潜在的诉讼因素,49—53;妾的权利,164,172—178;宋至清的案例表,50;在唐代,12—13,20—24;在帝制时代,196—197;在明清时期,4—5,62—64,66—72;在宋代,10,18,20—24,30;在宋以后,3—5,20—21,42—45,183—186;贞节寡妇理念与承祧,4—5,67—72

——大理院裁决:对非法继嗣的认可,89—93;概述,76—78;关于非法继嗣中的财产继承,93—100;关于告争权,80—89;关于择继权,78—80;妾的权利,178—183;司法逻辑的冲突,73—74

——民国民法与承祧:对亲属的重新定义,106—110;法庭对承祧纠纷的拒绝,104;与财产继承的分离,102—106,119,121—

122,138;最高法院对承祧的维护,136—137。参见强制侄子继嗣;寡妇立继

重婚:次妻的惯行,173n;兼祧与,183—186;民国初期,184—186;一夫数妾对重婚,161—162;在清代,183—184;一夫数妾对一夫多妻,161—162

Civil Justice in China: Representation and Practice in the Qing,4

慈禧对司法改革的谕旨,74—75

崔汉臣,192—193

崔张氏,192—193

D

大理院:大理院的建立,76;大理院的权限,76;对承祧法的坚持,76—78;对非法财产继承的裁决,93—100;对非法继承认可的裁决,89—93;对择继权的裁决,78—80;概况,76—78;名称的起源,76;司法逻辑的冲突,73—74

——对告争权的裁决,80—89;对男性族亲的限定,82—85;概况,81—82;告争权的丧失,85—89

——对妾的裁决:重婚,184—186;对家产的权利,186—188;扶养权,187—188;继嗣的权利,178—183;纳妾与婚姻,178

——参见司法院的裁决,最高法院裁决

大清民事诉讼律草案,81

大清现行刑律,74—75,78

大清刑事诉讼律草案,81

戴耕莘,138

邓李秀葵,130—131

邓氏,166—167

丁从道,193—195

丁孙三,166—167

丁吴蕙珍,193—195

丁朱淑英,193—195

董家遵,170n

董沛,70

E

Ebrey, Patricia:关于宋代绝户财产政策变化的观点,18,31—

33;论妾的权利,164;论宋代女儿的权利,10,11;其研究的主要旨趣,11;宋以后女儿权利的变化,39—40

F

法律编纂馆,74

法制局,101,102—103,111

樊增祥,知县,129—130

范应铃,24—26

方大琮,166—167

方方幼卿,148,149—150

方蓉洲,148

方文学,195

方徐梅英,143

放弃继承权法律(民国民法),150—152

废继例(1500年),64—65,66,80—81

分家:承祧对分家,49—53,196—197;定义,1;分家的普遍性,2;明确的规范和程序,49;流行的观点,1—2;妾的财产权利,163;宋以后女儿的权利,40;宋代的分家,24—26,32—33;宋至清分家案例表,50;唐代的分家,163

——民国时期:财产继承对分家,114—115;寡妇的监护权,123—124;生前分家与女儿的继承权,152—160;死后分家与女儿的继承权,148—152

夫马进,48n

夫妻一体:滋贺的概念,47,48,162—163

扶养权:民国初期的,130;民国民法中的,115—116,128—132;寡媳的,128—132;妾的,165—166,187—188,191—195;清律中的,129—130;同居的规定,129—132,187

扶养权的同居规定,129—132,187

妇女的继承权:承祧对其的重要性,3;对财产继承的静态的观点,1,3—4;"权利"的定义,4。参见妾;女儿的继承权;寡妇的继承权

妇女运动决议案,134,137

G

高崇启,155—159

高崇肇,155—159

高梁毓秀,143,151—152

高桥芳郎,32n

高钰凤,155—159

高钰兰,155—159

高云泉,155—159

高钰珍,155—159

告争权:大理院裁决,81—89;对男性族亲的限制,82—85;明清时期的限制,80—81;权利的丧失,85—89;有关嫌隙,85—87

各级审判厅试办章程,81—82,93n

寡妇贞节,见贞节寡妇的理念

寡妇贞节崇拜,见贞节寡妇的理念

寡媳:定义,120—121;继承权,126—128;扶养权,128—132

寡妇的继承权:承祧的重要性,3;承祧纠纷,49—53;民国初期,73—100;"权利"的定义,4

——民国民法,117—132;扶养权,128—132;寡妇的监护人地位,121,122—124,126;寡妻,120—126;寡媳,120—121,126—132;男女平等问题,117—118,120—121;作为法定继承人的妻子,118—121

——明清时期:寡妇的监护人地位,4,48;继承权与过继之间的明确关系,62—64;继嗣与贞节崇拜,4—5,65—72;1500年的废继例,64—65

——宋代,53—59;国家对绝户财产的权利,58;监护人地位,54—55,56;女儿的权利对寡妇的权利,16—17;《清明集》案例,54—57;《宋刑统》,53—54;逃避赋税徭役的问题,58;无子寡妇的遗嘱,57—58;有继子的寡妇,54—55;有幼子的寡妇对无子寡妇,54—59;"召接脚夫"与寡妇的继承权,57;滋贺的观点,47—48,54—55,56。参见妾

寡妇立继:并继,65;民国民法与,106;明清时期,62—67;"议立"

对"私立",63—64,80;妾的权利,166,172—178,180—183;1775年的嫌隙例,71—72;1500年的废继例,64—65,66,80—81;与过继明显相关的继承权,62—64;在宋代,59—62

——大理院判决:冲突的法律逻辑,73—74;对非法继嗣的认可,89—93;概述,76—80;关于非法继嗣的财产继承,93—100;关于告争权,80—89

贯的定义,14

《古今图书集成》,170

归宗女儿:定义,13;宋代的政策,13,15,29。参见女儿的继承权

国家对绝户财产的权利:宋代,14—16,18—19,20,41,58;宋代以后,40—41;唐代,13—14,41

国民党第二届全国代表大会,134

国民党法典,见民国民法国民党中央政治会议:对民国民法的通过,对男女平等的肯定,102—103;对亲属的定义,106—110;对遗嘱问题的决定,145—146;101;论妾,188—189;

配偶双方的平等继承权,119

H

韩孟佑卿,124—125

韩增荣,124—125

贺氏,172

Holmgren, Jennifer, 48n, 63n

华立侯,144

胡淦卿,195

胡季堂,71

胡五姐,56—57

胡薛氏,195

胡颖,34—38,60—61

户绝,见绝户

Huang, Philip(黄宗智),4n, 49, 75, 91

婚姻财产制度(民国民法中的),113—114

J

简成林,90

简董氏,90

贱民阶层:明清时期,168—169;唐宋时期,167—168

兼祧,44—45,71n,183—186

贾氏,176

继嗣,见强制侄子继嗣;承祧

军事制度:明代强制侄子继嗣法与,43;唐代与宋代的支出,19

均田制(唐代),20

绝户:大理院对其择继权的判决,78—80;定义,12;绝户在唐代,12—14,16,20—24,40—41

——宋代:财产分配政策表,15;导致政策变化的因素,20—24;Ebrey对政策变化的观点,18,31—33;归宗女儿的权利,13,15;国家对绝户财产的权利,14—16,18—19,20,36—38,41,58;继子的权利,13—14;男性族亲和绝户,14;妾的财产权利,165—166;仁井田对政策变化的观点,17,24—26,31;死后所立继子的权利,13—14,15;未婚女儿的权利,13,15;已婚女儿的权利,13,15;遗嘱与绝户,16,29—30;滋贺对政策变化的观点,18,20

——宋代以后:国家对财产的权利,40—41;男性族亲的权利,41;强制侄子继承的法律,3—5,42—45;生前对死后所立嗣子,40,42;已婚女儿对未婚女儿的权利,40。参见女儿的继承权

绝户财产,见绝户

K

柯魏氏,128

课户,12

蒯德模,92—93

L

Liu Ts'ui-jung(刘翠溶),2n,171

离婚,164

《礼记》,22

李陈玉,66

李高氏,69—70

李国仲,185

李鸿章,138,144

李黄氏,90

李经方,138,144

李钧(知府),173—174

李墨林,185

李清(知府),65

247

李氏,60

李同春,185

李王友莲,143

李应龙,26—27

李宗模,90

立继,13,17。参见嗣子,死后所立嗣子

梁章钜,68

刘胡氏,124

刘基,43

刘克庄,17,26—39

刘刘氏,79

刘氏,62

刘屠宝玢,127

刘文治,124

刘欣亭,124

刘芸,51

刘张氏,51

陆敏文,149—150

陆守诚,149

陆王新一,149—150

陆毓隆,149—150

陆张桂兰,149

罗鼎,112—113,118

M

马福祺,138

马邻翼,130

马骞,130

马荃,151

马如兰,151

马氏,173

马张氏,130

马郁生,150—151

Mann, Susan,68n

幔亭曾孙,39

民法草案,第二稿(1925—1926),75,102n,134n

民法起草委员会,101

民国初期,73—100;大清现行刑律,74—75,78;新刑律,75—76;民国初期承祧与继承权利的原则,76—78;司法逻辑的冲突,73—74

——大理院判决:概述,76—78;关于非法继嗣的财产继承,93—100;关于非法继嗣的认可,89—93;关于告争的权利,80—89;关于妾,178—188;关

于择嗣的权利,78—80;司法逻辑的冲突,73—74

——民国初期的妾,178—188;重婚,184—186;对家产的权利,186—188;扶养权,187—188;继嗣的权利,178—183;纳妾对婚姻,178;一夫一妻制取代寡妇贞节,178

民国民法:对城市和乡村的不同影响,138—139;概述,5—6;放弃继承权法律,150—152;继承编,101;民法草案,102,111—113,134n;其发展,101;妾的权利,188—195;史料,7;死后所立嗣子与民国民法,105—106,125—126,145,154—155;赠与,152—159,198;最高法院裁判决,134—137

——寡妇的继承权,117—132;寡妻,120—126;寡媳,120—121,126—132;男女平等问题,117—118,120—121;作为法定继承人的妻子,118—121

——民法中的财产继承,101—116;财产的重新定义,110—116;财产所有制,110,111—114;对亲属的重新定义,106—110;对遗嘱的限定,106;分家,114—115,123—124;扶养权与,115—116,128—132;婚姻财产制度,113;继承人的继承次序,120;家庭财产的重新定义,110,111—114,115;民法草案,102,111—113,134n;死后领养,105—106,125—126;与承祧的分离,102—106,119,121—122,138;语意上的困难,103

——女儿的继承权,133—160;法庭案例,138—145;男女平等问题,133—134;死后继承对生前分家,147—148,152—160;死后继承对死后分家,147—152;《已婚女子追溯继承财产施行细则》,137,142,148;遗嘱与民国民法,145—147;直系后代的权益,143—144;最高法院对未婚女儿(权利)的颠覆,136—137;最高法院对已婚女儿(权利)的颠覆,134—136

民国民法对亲属的定义,106—110;财产继承法与,108—110;平等对父系等级,107;亲等关系表,108;直系亲属对旁系亲属,108

民国时期,参见妾;民国初期;民国民法

民律草案,75,102n,134n

民事诉讼条例,81

明代:对告争权的限定,80—81;国家对绝户财产的权利,41;贱民阶层,168—169;男性族亲,41;强制侄子继嗣法,3—5,42—44,62—72;妾的地位,169—170,174;已婚女儿对未婚女儿,40;有关史料,6—7;贞节寡妇的理念,4—5,48,67—72,170

《名公书判清明集》,见《清明集》

明太祖,43

命继,参见嗣子;死后所立嗣子

亩:定义,15

N

男女平等:妇女运动决议案,134,137;民国民法与男女平等,117—118,120—121,133—138;中央政治会议的倡导,102—103;最高法院对女儿继承权的颠覆,134—137

男性族亲:寡妇面对男性族亲挑战的易受伤害,53;民国民法,109—110;明律,44;清律,41,44;《宋刑统》,14,44,61;唐律,13,14,44

——大理院裁决:对告争权的限制,82—85;关于妾和立继,182;关于告争权的丧失,85—89;关于择继的权利,78—80

女儿的继承权:承祧对其之重要性,3;对"权利"的定义,4;在唐代,12—13,16

——民国民法,133—160;对都市和乡村的不同影响,138—139;法庭案件,138—145;男女平等问题,133—134;死后继承对生前分家,147—148,152—160;死后继承对死后分家,147—152;未婚女儿,136—137;已婚女儿,134—136;《已嫁女子追溯继承财产施行细则》137,142,148;遗嘱与女儿的继承权,145—147;直系后代的利益,143—144;最高法院判决,134—137

——在宋代,9—39;对绝户,12—24,29—30;伊佩霞(Ebrey)的论点,10,11,18,31—33;寡妇的权利对女儿的权利,16—17;归宗女儿的权利,13,15;绝户财产分配原则表,15;《清明集》有关案例,9,10,17;仁井田—滋贺的辩论,9—10,11,16—17;未婚女儿的权利,13,15;未婚女儿给半的惯行,24—39;已婚女儿的权利,13,15;遗嘱与女儿的权利,16,17,29—30;有关史料的限制,11—12

——在宋以后,39—46;变化的程度,39—40;对唐律的回归,40—41;强制侄子继嗣法与女儿的继承权,4,44

女户,12,58

"女子":其涵义和女儿的继承权,134,135;新刑律,75

P

潘宋氏,182
潘文志,182
平妻,183
溥杨氏,182

Q

钱丰,65—66
钱皜,66
钱瑞智,142
钱氏,65—66
乾隆皇帝的谕旨,71—72
强制侄子继嗣:宋代以后,3—5,42—45;唐宋法律,20—21;与古典的理念,21—22;与女儿的继承权,4,44;滋贺关于寡妇权利的观点,48

——大理院裁决:对非法继嗣的认可,89—93;对告争权的限制,80—85;对宗祧继承的强调,76—77;非法继嗣中的财产继承,93—100;概述,76—80;告争权的丧失,85—89;司法逻辑的冲突,73—74

——在明代:妇女的代价,3—4;寡妇继承与立继的联系,62—64;1500年的废继例,64—65,66,80—81;与贞节寡妇的理念,4—5,67—72。参见寡妇立继

妻子:在本书中的命名称呼,27n,122n

祁恩启,123—124

祁韩氏,123—124

妾,169—195;称呼,27n;扶养权,165—166,187—188,191—195;扶正,155—156,169;纳妾规定(唐宋时期),161—162,167—168;妾的监护权,161;妾与承祧,164,172—183;妾与分家,163;妾与立继,166,172—178,180—183;妾与贞节寡妇之理念,5,163,170—172;妾与滋贺的"夫妻一体论",162—163;妾在帝制时代的地位,161—163,168;妾在明代,169—170,174;"权利"的定义,4;丧服,169—170;庶母,165—167;逐出家门,164,172;作为"烈妇"的妾,172

——妾与民国民法,188—195;法律地位的阙如,188—189;扶养权,191—195;继承权,189—191

——妾在民国初年,178—188;重婚,184—186;婚姻与纳妾,178;继嗣的权利,178—183;妾对家产的权利,186—188;妾与立继,180—183

——妾在清代,168—178;地位的提高,170—172;扶正,169;立继,172—178;妾与贞节寡妇之理念,170—172

——妾在宋代,163—168;承祧,164;纳妾规定,167—168;分家,163;扶养权,165—166;《清明集》案例,164—167;无子之妾与庶母,165—167

——妾在唐代:承祧,164;分家,163;纳妾规定,161—162

妾的监护角色,161,186—187

妾的监护角色:在民国时期,121,122—124,126;在明代,4,48;在宋代,54—55,56

《亲属法先决各点审查意见

书》,188

清代:重婚,183—184;对告争权的限定,80—81;扶养权与共同居住,129—130;国家对绝户财产的权利,41;贱民阶层,168—169;兼祧,44—45,183—186;绝户的男性族亲,41;乾隆皇帝的谕旨,71—72;强制侄子继嗣法,44—45;妾的地位,168—178;司法改革,74—76;有关清代的史料,6—7;贞节寡妇的理念,4—5,48,67—72,170—172

《清会典》,72

《清明集》:对该书的介绍,9;该书的局限,11—12;女儿给半的案例,27—29,33—39;其史料价值,6—7;宋版与明版,39;关于寡妇继承权的案例,54—57;关于寡妇择继的案例,60—62;关于女儿继承权的案例,9,10,17,27—29,33—39;关于妾的继承权的案例,164—167

丘阿刘,56

秋菊,27—28

"权利":大理院的用法,77—78;本书的用法,4n

R

仁井田陞:对宋绝户政策变化的观点,17;关于宋代女儿的权利与滋贺的辩论,9—10,11,16—17;宋以后女儿权利的变化,39—40;未婚女儿给半的法律,24—26,31;研究的主要旨趣,10,11

儒家经典中的宗法世系理念,21—22,68

S

三父八母服制图,179—180

"三不争"(张甄陶),68—69

丧服制度:兼祧与丧服,44—45,183—184;妾与丧服,169—170;三父八母服制图,179—180;五等丧服,170n

丧葬的扰乱(承祧纠纷对),52

尚氏,173—174

邵李氏,87

佘笃生,183—184

佘万德,183

佘万全,183—184

盛爱颐,140—141,142

盛方颐,141—142

盛庄氏,139—140

盛宣怀,138,139,141

沈家本,74,176—178,179

沈氏(守志的寡妾),171—172

沈氏(王天鉴的嫡妻),173—174

司法改革(清末):大理院的设立,76—78;新法典的编纂,74—75;慈禧的谕旨,74—75

司法院的裁决:关于承祧,104,105—106;关于妾,189,191;关于死后继承与分家,114—115;关于已婚女儿的继承权,137;关于赠与,152—154。参见大理院;最高法院裁决

私继(私立),63—64,80

死后所立嗣子:古典理念与,21—22,23;民国民法与,105—106,125—126,145,154—155;强制侄子继嗣,3—5,20—21,42—45,62—72;在宋代的继承权,13—14,15,16,20—24;在宋代为寡妇所立,59—62;在宋代以后的继承权,40—41,42—43;在唐代的继承权,13,20—24。参见强制侄子继嗣;寡妇立继嗣子:大理院对择嗣的裁决,78—80;民国民法与嗣子,105—106,125—126,144—145;生前与死后所立嗣子,40,42;宋代以来,3—5,40,42—45;唐代的继承权利,13,20—24;与嗣子的亲子关系,51

——嗣子在明代:1500年的废继律,64—65,66,80—81;与领养有关的寡妇继承权,62—64;贞节寡妇的理念,4—5,67—72

——嗣子在宋代:范应铃的判决,24—26;寡妇的择继,59—62;生前过继的嗣子,13—14,26;死后所立嗣子,13—14,15,20—24,59—62。参见寡妇立继,强制侄子继嗣,死后所立嗣子

Smith,Paul,19

Sommer,Matthew H.,48n

《宋刑统》:关于寡妇的继承权利,53—54;关于立继,59,61—62;

其中的问题,11
宋濂,43
宋代:承祧,10,18,21—24,30;对土地兼并的关切,18—19;分家,24—26,32—33;寡妇的继承权,16—17;国家对绝户财产的权利,14—16,18—19,20,41,58;贱民阶层,167—168;军事开支,19;女儿的继承权,9—39;妾的地位,163—168,169;史料,6—7;死后嗣子的继承权,13—14,16;嗣子的继承权,13—14,15,20—26;未婚女儿的给半继承,24—30;遗嘱,16,17,24—26,29—30;作为后来变化的基线,7—8。参见女儿的继承权;绝户;寡妇的继承权
宋代财产的共同所有制,9—10
宋代以后:对土地私有的承认,41,46;关于女儿权利变化的程度,39—40;关于女儿权利向唐律的回归,40—41;国家对绝户财产的权利,40—41;强制侄子继嗣法,3—5,42—45,62—72。参见明代、清代和元代

《宋会要》,11—12
《宋史》,165
宋氏,175—176
宋以后的土地私有制,41,46
孙询刍,138

T

唐代:承祧,12—13,20—24;国家对绝户财产的权利,13—14,41;贱民阶层,167—168;绝户与继承权,12—14,16;均田制,20;女儿的继承权,6,12—13;妾的地位,161—162,163—164,167—168;嗣子,13;嗣子的继承权,13,20—24;宋以后对唐律的回归,40—41;遗嘱,16,17。参见绝户

Telford, Ted,2n
特留分(民国民法关于遗嘱中的),145—147
田崔氏,187
(田)刘氏,27—28
田世德,27—28
田世光,27—28
田通仕,17,27—28

田县丞,27—28,39

田珍珍,27—28

同居共财:扶养权与,115—116, 131—132,187;民国民法与, 113;滋贺的观点,110

同居:民国民法与,132;土地兼并 与宋代绝户财产律,18—19

土地所有制:宋绝户财产律和土 地兼并,18—19;宋以后对土地 私有的承认,41,46

屠宝玫,127

屠桂芬,127

屠贾静园,127

屠刘氏,127

屠逊庵,127

W

王安石新法,18,58

王程玉书,146—147

王华林,147

汪辉祖,67—68

王梁国桢,190—191

王李氏,186

王姜氏,87—88

王彭世桢,190—191

王平,164

王启明,87

王汝贤,190

王氏,155,156

王淑芳,146—147

王淑静,146—147

王淑贤,146—147

王天鉴,173

王雅堂,146—147

王元隽,190—191

王元鸣,190—191

王元义,190—191

王元昭,190—191

王玉财,87—88

王周氏,146—147

汪朱氏,172

汪宗洪,175

汪宗卓,175

未婚女儿的继承权:民国时期, 136—137;女儿给半法律,24— 39;向唐律的回归,40;宋代, 13,15,24—39;宋以后,40。参 见女儿的继承权

未婚女儿给半(宋代),24—39;胡 颖的案例,34—38;刘克庄的反

常解释,33—38;女儿给半的证据,25—33;《清明集》中的案例,38—39;社会惯行的证据,24—26

翁车氏,129—130

翁慎修,129—130

翁泰,56

吴阿王,174—175

吴超,174—175

吴大义,174—175

吴开森,181—182

吴崔氏,125—126

吴余氏,86—87

吴水木,181—182

无嗣的比例,2—3

吴习科,175

吴许氏,181—182

吴叶蕊蓁,144

吴章斌,174—175

吴钟霈,125—126

吴宗棠,86

X

嫌隙与寡妇的择继:大理院的裁决,85—87;1775年的嫌隙例,71—72

向本曹,129

《小姐争产》,139

谢文学,61

刑事诉讼条例,81

修订法律馆,74

修正刑法,75

薛宝润,138,144

薛德奎,86

薛德庆,86

薛恩来,178—180

薛刘氏,86,90

薛王氏(妻),86,90

薛王氏(妾),178—181,182

薛曾级,178—179

薛兆镕,86

徐庆云,143

徐氏,172

徐士林,174—176

徐文娟,144

许戴氏,82—83,90

许仁和,82

许师孟,82—83

《续资治通鉴》,11

Y

阎李氏,192

阎庭瑞,192

杨董永贞,122

杨黄氏,182

杨李氏,83

杨天有,83

姚氏,173—174

杨玉升,83

议继,议立,63—64,80

已婚妇女的习惯称呼,27n,122n

已婚女儿的继承权:民国民法,134—136,137,142;宋代的政策,13,15;宋代以后,40;最高法院裁决,134—136。参见女儿的继承权

《已嫁女子追溯继承财产施行细则》,137,142,148

遗嘱:民国民法与,106,145—147,155—160;在宋代,16,17,24—26,29—30,57—58;在唐代,16,17

应继:大理院与,85—86;明律论应继,42—43,64。参见强制侄子继嗣;爱继;寡妇立继

元代:国家对绝户财产的权利,41;绝户的男性族亲,41;生前对死后所立嗣子,40,42;已婚与未婚女儿,40;贞节寡妇的理念,170

郁蒋氏,143

Z

暂行新刑律,75

曾二姑,36—37

曾周淑珍,143

张二小,176

张继元,176

张胡氏,65

张氏,171

张世禄,65

张顺发,92

张四维,39

张孙氏,187

张文定,87—88

张五纬,知府,176

张萧贤,176

张咏(张乖崖),27

张云集,187

张甄陶,51,68—69

招女婿的继承权(宋代),26—27,39

赵陈淑珍,143

赵李氏,182

贞节寡妇的理念:对寡妇权利的强化,48;对贞节寡妇的旌表,67n;乾隆皇帝的敕令,71—72;与妾的地位,5,163,170—172;与强制侄子继嗣,4—5,67—72

郑逢吉,60—61

郑氏,155—156

郑文宝,60—61

郑孝纯,24—26

郑孝德,24—26

郑孝先,24—26

郑杨氏,186,187

郑应才,186,187

郑应辰,24—26

郑应武,186,187

郑元振,60—61

中田薰,9

周丙,26—27

周嘉玉,149—150

周继郎,67—68

周氏,67—68

朱葆元,143

朱德明,84

朱鼎臣,154

朱海康,154

朱汉起,84

朱汉章,84

朱焕章,84

朱祁氏,84

朱润德,84

朱熹,43

滋贺秀三:对家产的观点,110;对宋代寡妇权利的观点,47—48,54—55,56,61—62n;对宋代绝户政策变化的观点,18,20;对妾的地位的观点,162;夫妻一体的概念,47,48,162—163;研究的主要旨趣,10,11;与仁井田关于宋代女儿权利的辩论,9—10,11,16—17

子女:民国民法中子女的继承权,119—120,128;妾的继承权与,189—191

族长与立继:民国初期,78—80,84—85;明清时期,62—64

最高法院裁决:关于未婚女儿的继承权,136—137;关于已婚女儿的继承权,134—136;司法院的反对,137;《已婚女子追溯继承财产施行细则》,137。参见大理院;司法院判决

译后记

白凯教授《中国的妇女与财产(960—1949)》的中译本已经出版二十多年了。广西师范大学出版社再版此书之际,刘隆进编辑约我写个译后记,我就简要谈谈本书的学术贡献和研究特色。

首先,从学术贡献来说,这是一本具有里程碑意义的学术论著,它改变了我们对历史上中国妇女财产权利的看法,也拓宽和推进了我们对中国财产继承的认识。长期以来,学界的主流观点认为,在近代以前,无论是法律上还是社会实践中,中国家庭的财产都是由男性子嗣来继承的,通常在男性子嗣间平均分配(分家);女性则没有继承财产的权利,她们顶多只能在出嫁时得到一份嫁妆,或在年迈寡居时得到一份赡养费。从男性的角度来观察,这是历史上中国家庭财产继承的常态,至少从宋代以来没有多大变化。白凯转换了研究视角,她从女性的视角切入,考察当一个家庭中男性子嗣缺席时,女性的财产权利会发生什么变化,从而揭示了一幅关于中国家庭财产继承和妇女财产权利的动态多变的图画。中国家庭的世代转移不仅涉及财产的继承,也涉及父系宗祧的继承。而当家庭中亲生的男性子嗣缺席时,这个家庭常常会过继一个嗣子来延续父系家庭和对祖先的祭祀(承祧)。在帝制时代,中国大约有五分之一的家庭没有长大成人的儿子,这些家庭的财产继承必须通过承祧来实现。而就女性来说,可能有三分之一的女子是没有兄弟的女儿或没有儿子的妻子,或两者兼而有之,她们一生中就有可能继承家庭的财产,或涉入宗祧继承。

比如在宋代,如果父母双亡且没有儿子,女儿就可以依法继承家庭的财产(尽管有条件限制),而寡妻若无子嗣的话,则可以继承亡夫的全部财产。到了明初,法律强制规定无子家庭必须从血缘最近的侄子中过继一个嗣子。这个变化剥夺了女儿的继承权,也使寡妻对其亡夫的财产只有监护权,而丧失了继承权。不过随着明清时期对妇女贞节崇拜的不断强化,这条法律在实践中发生了变化,明清的官员在审理承祧案件时通常判定守贞寡妇可以拒绝与其亡夫关系最近的侄子来继嗣。而到了清朝中叶,国家立法进而规定守贞寡妇有权自由选择其亡夫的任何同宗侄子来继嗣。这使得寡妻对家庭财产的监护权大大扩张。不仅如此,寡妇贞节理念的强化也抹掉了妻妾之间的差别,使得守贞寡妾可以享有与守贞寡妻一样的财产监护权。这些变化,如果不从妇女财产权利的角度来观察,是很难清晰呈现的。

到了民国初年,寡妇在选择嗣子时获得了更加充分的自主权,法庭甚至允许她选择其亡夫族侄之外的人来继嗣。而1929年至1930年颁布的民国民法引进了西方个人产权和男女平权的理念,取消了关于承祧的规定,并赋予女性和男性同等的财产继承权。

不过,新民法在司法实践中与长期确立的社会惯行并不和谐,而是时有冲突,妇女虽然获得了一些新的权利,却也丧失了一些旧有的权利。比如,父亲可以通过生前将财产赠予儿子,来剥夺女儿的继承权,从而延续传统的分家惯行。另外,新法律也剥夺了寡妇在旧法律中享有的财产监护权。

本书的研究特色,可以用视角多元、视野宽阔、分析深入细致、论述清晰扼要来加以概括。除了前面讲到的性别视角和长时段视角,本书坚持从法律实践的视角来考察关于妇女财产权利和财产继承的法律制度、法律规定是如何在现实生活中具体运作,如何与社会发生互动的。通过这样的考察,本书揭示了法律文本和法律实践之间的张力,以及法律规定与社会惯行及人们的思想观念之间的摩擦、冲突和调适。比如,明清时期对妇女贞节的崇拜不断升温,使得强制立嗣的法律发生了有利于寡妇财产权利扩张的偏转。对这样的变化,我们只有从法律实践的角度,观察不同时期相关的诉讼案件是如何判决的,并且放宽视野,把这些诉讼案件放到相应的历史背景中,考察当时当地的社会惯习与思想观念,才能发现和揭示出来。

本书的另一个研究特色是对史料史实的分析非常深入细致,由此作者得以纠正前人的谬误,超越前人的研究。一个非常精彩的例子就是对宋代"女儿给半"问题的讨论。二十世纪,日本泰斗级学者仁井田陞根据宋代笔记《清明集》中记载的案例,认为宋代有法律规定,未出嫁的女儿在分家时可以得到儿子一半的家产,即"女儿给半"。长期以来,学者们都试图解释为什么宋代会有这样的法律,却很少有人质疑仁井田陞的这个说法本身是否成立。白凯则对这个说法本身提出了质疑。她在书中仔细解读了《清明集》中相关的两个案例，对比《清明集》不同版本的记载，辨析不同法律用语的细微差别，并结合各种史料和宋代国家相关的法律及经济赋税政策来进行分析，认为在宋代根本不存在所谓"女儿给半"的法律。白凯在讨论这个问题时步步为营、层层推进、旁征博引、有理有据，其分析的精彩出色绝对是教科书级别的。

  这样一本有着诸多学术贡献的里程碑式著作，篇幅却并不大，与许多鸿篇巨制的学术论著相比，本书可以说很袖珍。这要归功于本书的论述文字简洁明快，要言不烦。通读本书，一个最大的感受就是其文字洗练，论述清晰。作者的讨论虽然征引广泛，但绝不堆砌史料，绝不拖泥带水，许多时候都是惜墨如金，点到为止，没有一句多余的话。要做到这一点，没有高超的学术和文字能力，是不可能的。希望我的译文能忠实地呈现本书的这一特色。

  最后，我还想啰嗦几句。对于历史学的学生，特别是中国历史专业的博士研究生来说，这本书是撰写博士论文时值得参考的一个绝佳范本。建议大家在撰写博士论文的时候，好好研读这本著作，仔细揣摩它的谋篇布局、观察视角、研究策略及文字风格，相信这一定会对博士论文的写作有极大的助益。

刘昶
2024 年 6 月 15 日于沪上